Inhalt

»Wo in der DDR sitzt eigentlich derjenige, der seit Jahren unermüdlich politische Witze macht?« – »Wo er sitzt, wissen wir auch nicht, wir wissen nur, daß er seit fünf Jahren sitzt.«

Die Umschlagabbildung zeigt das Marx-Engels-Denkmal auf dem (Ost-)Berliner Alexanderplatz – ein Sinnbild für die DDR und zugleich Zielscheibe diverser politischer Witze.

Vorwort

»Gebraucht wird eine Kultur der Erinnerung.«[1] Diese Einschätzung, die Christian Bergmann am Ende seines Buches *Die Sprache der Stasi. Ein Beitrag zur Sprachkritik* formuliert hat, ist gedacht als Mahnung für den Umgang mit jenem Abschnitt deutscher Vergangenheit, der in der DDR geformt wurde und gelebt werden musste. Wir schließen uns ihr, der Einschätzung wie der Mahnung, uneingeschränkt an. Gebraucht wird – nicht nur, wenn man an die vierzigjährige Existenz der DDR denkt, aber gerade auch dann – eine Kultur der Erinnerung an die rituelle, formelhafte offizielle Sprache, an die Propagandasprüche der Partei und jene ideologisch aufgeblähten Sätze, die auf Betriebsversammlungen und bei sonstigen Aktivitäten im Rahmen der ›gesellschaftlichen Arbeit‹ zu sprechen waren.

Doch neben dem, was als denkwürdige Ausprägung eines totalitären Staates im Bewusstsein aller Menschen in der heutigen Bundesrepublik Deutschland aufbewahrt oder überhaupt in dieses Bewusstsein gebracht werden sollte, gibt es noch eine andere Erinnerung, die zu kultivieren sich ebenso, wenn auch aus anderen Gründen, lohnt. Es ist die Erinnerung an jene Sprachbereiche, die sich kritisch gegen die offiziell verordnete und praktizierte Sprache wandten, sie subtil ›korrigierten‹. Vor allem im politischen Witz zeigte sich in der DDR, wie auch in anderen Staaten des einst so genannten ›Ostblocks‹, eine Opposition, lebte der Versuch, offiziellen Wirklichkeitsbildern eine andere, ›ungeschminkte‹, entideologisierte Sicht der Wirklichkeit gegenüberzustellen. Eine Erinnerung an diese Sprachbereiche sucht ein Stück »Sprachkultur« aufzuheben, die, weil sie an die bekannten, glücklicherweise aber überwundenen gesellschaftlichen und politischen Zustände in der DDR gebunden war, verloren ist – und verloren bleiben soll. Doch was man für die Wirklichkeit nicht (mehr) wünscht, muss in der Erinnerung, auch aus Gründen der historischen Redlichkeit und Gerechtigkeit, nicht gleichfalls ausgelöscht werden – vor allem dann nicht, wenn man dieser Erinnerung gelegentlich gar eine vergnügliche Seite abgewinnen kann.

Bücher, in denen vornehmlich politische Witze gesammelt sind, die in vierzig Jahren DDR geschaffen und verbreitet wurden, gibt es reichlich.[2] Manche von ihnen liefern ausgezeichnete Über- und Einblicke, besonders jene, die, wie beispielsweise der von Helga und Klaus-Dieter Schlechte herausgegebene Sammelband *Witze bis zur Wende. 40 Jahre politischer Witz in der DDR*, chronologisch und thematisch geordnet sind. Was bislang aber offenbar fehlt, ist der Versuch einer Interpretation, ist die Beschreibung der Funktion des Witzes in der DDR. Ein solches Unternehmen könnte von verschiedenen Ausgangspunkten angegangen werden:

- von einem *soziologischen*, der den Witz als ein gesellschaftliches Korrektiv begreifen würde,
- von einem *psychologischen*, der in ihm eine individuelle und auch kollektive geistige Auseinandersetzung mit einer wie auch immer gearteten Wirklichkeit zu sehen hätte,
- oder von einem *linguistischen*, der den Witz zuerst als Textsorte und Kommunikationsform betrachten müsste.

Dieser zuletzt genannte Ausgangspunkt, der die sprachlichen Charakteristika des Witzes in den Mittelpunkt stellt, wird in dem vorliegenden Band eingenommen. Die Berücksichtigung soziologischer und psychologischer Gesichtspunkte geht dabei nicht verloren, sondern ergibt sich aus dem sprachlichen Ansatz heraus nahezu zwangsläufig.

Mit unserem Band wollen wir den vorliegenden Witzsammlungen keine weitere hinzufügen. Wir beabsichtigen vielmehr auf der Grundlage der uns zugänglichen Witze, die wir den im Literaturverzeichnis aufgeführten Quellen entnommen und die wir vor und nach der ›Wende‹ bei zahlreichen Besuchen in der DDR bzw. in Ostdeutschland gehört und notiert haben, eine exemplarische Interpretation zu liefern. Dass wir dabei zahlreiche Witze in unseren Text einstreuen – jene Witze, die uns besonders gelungen und typisch erscheinen – soll gewiss den Unterhaltungswert der Lektüre erhöhen, dient zugleich aber auch der Illustration des hohen Maßes an Sprachsensibilität, das in der DDR existiert hat.

Eine linguistisch orientierte Funktionsbeschreibung des Witzes, die jene Sprachsensibilität aufzeigen und als einen Teil von Sprachkultur bestimmen möchte, geht von drei Voraussetzungen aus.

Erstens erkennt sie in einem Witz, auch und gerade in einem politischen, in der Regel einen Sprachwitz, d. h. einen Text, dessen Wirkung durch eine bestimmte Verwendung von Sprache oder sprachlichen Elementen erzeugt wird. Beispielsweise kann der Gebrauch von Homonymen, gleichlautenden Wörtern mit unterschiedlicher Bedeutung, eine witzige Wirkung, die Pointe, hervorbringen. So beruht der diesem Band als Motto vorangestellte Witz (vgl. Seite 4) auf der doppelten Bedeutung von ›sitzen‹, zum einen im Sinne von ›sich aufhalten‹, zum anderen im Sinne von ›im Gefängnis sitzen, eingesperrt sein‹.

Die Sprachverwendung im Witz hat *zweitens* meist einen Bezug zu einer anderen Sprachebene. Im Falle des politischen Witzes in der DDR ist es die offizielle, die für den öffentlichen Gebrauch verordnete Sprache. Durch den Witz und in dem Witz wird eine Korrektur der Sichtweise vorgenommen, die in der offiziellen Sprache vorgegeben ist, es wird ihr eine andere Sichtweise gegenübergestellt. Während es offiziell in der DDR gar keine politischen Witze gab und deshalb auch niemand wegen der Schaffung und des Erzählens politischer Witze im Gefängnis sitzen konnte, wird gerade dies in dem eingangs genannten Witz auf subtile Weise ausgesagt und so die offizielle Sichtweise der politischen und gesellschaftlichen Realität korrigiert.

Drittens realisiert der politische Witz oftmals eine Sprachhandlung, die offiziell nicht erlaubt oder zumindest nicht üblich war. Insbesondere ist es die Sprachhandlung ›Kritik üben an politischen, gesellschaftlichen oder wirtschaftlichen Zuständen‹, die – wie auch in dem vorangestellten Beispiel – im politischen Witz und damit auch vom Erzähler des Witzes eingenommen wird. Auf diese Weise wird zugleich eine Erweiterung des Spektrums kommunikativer Möglichkeiten innerhalb der Gesellschaft hervorgebracht.

Dieses Konzept einer linguistisch orientierten Funktionsbeschreibung insbesondere des politischen Witzes in der DDR betrachtet also zunächst den Witz selbst als einen Text mit sprachlichen Funktionsmerkmalen, setzt ihn dann in Beziehung zur offiziellen Sprachebene und sucht abschließend seine kommunikative Leistung zu beschreiben. Es versteht sich, dass dieser interpretatorische Dreischritt nicht schematisch angewandt werden darf, denn nicht allen Witzen liegen die gleichen Mechanismen zugrunde. Gleichwohl wird zu zeigen sein, dass der politische Witz stets Bezug nimmt auf bestimmte Realitätsbereiche, die offiziell anders als im Witz dargestellt und propagiert worden sind. Gerade aus dieser Spannung zwischen offizieller Sprache und Sprache im Witz ergibt sich die Pointe – und der politische Gehalt des Witzes.

Diese soeben nur andeutend vorgestellten Grundlagen einer Interpretation von Witzen im Allgemeinen und von politischen Witzen im Besonderen werden im *ersten Kapitel* des Buches ausführlicher entwickelt. Das *Kapitel 2* beleuchtet die sprachlichen und politischen Verhältnisse in der DDR. Erst vor diesem Hintergrund gewinnen die Witze ihr Gewicht und ihre Ausdruckskraft. In *Kapitel 3* folgt die Analyse politischer Witze, gegliedert nach bestimmten Themenbereichen: Partei und Staat, Repräsentanten des Staates und seine Organe, wirtschaftliche Situation, Beziehungen zu anderen Staaten und letztlich Witze aus dem Alltag. Diese Themenbereiche haben sich aus den uns vorliegenden Witzen herauskristallisiert, auch sind manche Witzsammlungen bereits entsprechend gegliedert. In der Wendezeit 1989/90 gewannen andere Textformen an Bedeutung, die in Beziehung zu politischen Witzen stehen, aber nicht mit ihnen identisch sind: die sogenannten Demosprüche und Parolen. Diese Sprachspiele und ihre Funktion werden im *vierten Kapitel* besprochen. Das *Kapitel 5* ist einem Resümee vorbehalten. Hier wird, auch unter soziologischen und psychologischen Aspekten, die gesellschaftliche Funktion von politischen Witzen in der DDR zusammenfassend beschrieben. In *Kapitel 6* soll ein Seitenblick auf die Bundesrepublik geworfen werden. Eine Antwort auf die Frage, wie deren Witzkultur ausgesehen hat und wohl immer noch oder wieder aussieht, wird vor dem Hintergrund der ganz anderen politischen, gesellschaftlichen und wirtschaftlichen Gegebenheiten gesucht. Abschließend wird in *Kapitel 7* dargelegt, dass im politischen Witz eine Form von Sprachsensibilität der Bürgerinnen und Bürger der ehemaligen DDR sichtbar und greifbar wird, der man durchaus das Prädikat »Sprachkultur« zusprechen kann.

Interessanterweise ist der Begriff »Sprachkultur« innerhalb der sowjetischen Sprachwissenschaft geprägt und entwickelt worden.

Von dort gelangte er auch in die offizielle Sprachwissenschaft der DDR.[3] Der Begriff meinte die bewusste Pflege der Standardsprache, nach sowjetischem Vorbild auch ›Literatursprache‹ oder ›Schriftsprache‹ genannt. Bei dieser ›Pflege‹ ging es nicht zuletzt auch um Sprachnormen, um grammatische und stilistische hauptsächlich, und um solche des Gebrauchs der Sprache im Sinne der sozialistischen Weltanschauung. Wenn wir heute den Begriff »Sprachkultur« als Bezeichnung für einen positiv gemeinten Wert verwenden und feststellen, dass die offiziell ›kultivierten‹ Sprachnormen in der DDR alles andere hervorgebracht haben, nur eben nicht Sprachkultur, wenn wir stattdessen konstatieren, dass dieser Wert vielmehr dem oppositionellen Diskurs und damit auch dem politischen, in großen Teilen der Bevölkerung kursierenden Witz zuzusprechen ist, dann ist damit auch eine Hoffnung verbunden – die Hoffnung darauf, dass immer irgendwann Kultur über Barbarei, Selbstbestimmung über Unterdrückung, eine freie Sprache über eine gegängelte siegt.

Gedankt sei den Studentinnen und Studenten, die im Wintersemester 1997/98 an einem Proseminar über »Linguistik des Sprachwitzes« und im Wintersemester 1999/2000 an einen Hauptseminar über »Sprachkultur in der DDR: Der politische Witz« teilgenommen haben, für kritische Diskussionen und für die Kenntnis nicht weniger Witze. Namentlich gedankt sei Daniel Kraft dafür, dass er manche Überlegung dieses Buches vor dem Hintergrund seines Wissens über den politischen Witz in Tschechien geprüft hat, sowie Alicja Chomontowska für eine sehr schöne Magisterarbeit (*Linguistik des Sprachwitzes*, Deutsches Seminar der Universität Freiburg, WS 1999/2000), die geholfen hat, manche Wissenslücke zu schließen und manchen Gedanken zu klären.

Zwei Menschen widmen wir dieses Buch: *Sophie Weigold* in Erfurt, einer äußerst begabten Witzeerzählerin, der wir die Kenntnis zahlreicher Witze zu verdanken haben und von der wir wissen, dass sie zu DDR-Zeiten auf ihre – witzige – Art subversiv gewirkt hat, widmen wir es stellvertretend für alle ehemaligen Bürgerinnen und Bürger der DDR, die aktiv daran beteiligt waren, neue Witze zu schaffen und gehörte Witze zu verbreiten. Und wir widmen es *Rolf Knobloch* in Offenburg, einem Menschen mit viel Witz, der in nahezu jeder Situation ein witziges Wort, eine witzige Bemerkung auf den Lippen hat; ihm verdanken wir die Zuversicht, dass ein Witz auch in schwierigen Lebenslagen befreiend sein kann.

1 Der Witz im Allgemeinen und der politische Witz im Besonderen

Auf der Suche nach den Kennzeichen, die den Menschen unter allen anderen Lebewesen auszeichnen, die allein ihm eigen sind, wird immer wieder seine Befähigung zum Witz und dem damit verbundenen Lachen genannt. Voraussetzung aber für den Witz ist die Sprache, zunächst die Sprache überhaupt und dann noch eine besondere Eigenschaft der Sprache, die vielleicht wiederum nur dem Menschen, nur *seiner* Sprache, zukommt: die Möglichkeit nämlich, mit Sprache über Sprache zu reflektieren.

Der Mensch ist zunächst Mensch durch seine Fähigkeit, alles, buchstäblich alles, in Zeichen zu verwandeln und mit diesen Zeichen zu denken und zu handeln. Diese Fähigkeit macht seine Freiheit aus, löst ihn aus der Notwendigkeit eines unbewussten oder zumindest im Rahmen fester Instinkte determinierten bloßen Reagierens. Doch diese Freiheit geht mit einem Zwang einher, dem Zwang, jene Fähigkeit auch auszubilden und stets, im Denken wie im Handeln, einzusetzen. Dieser Zwang zur Freiheit des Denken *in* Zeichen und des Handelns *mit* Zeichen macht den Menschen zum ›Konstrukteur‹ seiner Wirklichkeit.

Indem der Mensch in Zeichen, in Sprache also, seine Wirklichkeit konstruiert und indem er in seiner Sprache die Möglichkeit besitzt, die Sprache selbst zu reflektieren, vermag er auch seine konstruierte Wirklichkeit in Frage zu stellen. Genau das tut der Witz – präziser gesagt: Genau das tut der Mensch im Witz und durch den Witz. Im Witz wird die Sprache gegen sich selbst gewandt, werden bestimmte sprachliche Prinzipien und Gesetzmäßigkeiten – wie man mit einem noch immer modernen Wort sagen könnte – ›hinterfragt‹. Nehmen wir ein einfaches Beispiel:

Ein Igel trifft im Wald auf einen Wolfshund. Er fragt ihn: »Oh, was bist du denn für ein Tier?« – »Ich bin ein Wolfshund.« – »Ein Wolfshund?« –

»Ja, mein Vater war ein Wolf und meine Mutter eine Hündin.« – »Ach so«, sagt der Igel und geht weiter. Dann trifft er auf ein anderes Tier und fragt: »Oh, was bist du denn für einer?« – »Ich bin ein Ameisenbär.« Der Igel überlegt eine Weile und sagt dann: »Das glaub' ich dir nicht.«[1]

Um einen guten und gut erzählten Witz zu verstehen, braucht man natürlich keine Erläuterungen, schon gar keine sprachwissenschaftlich oder sonstwie wissenschaftlich untermauerten. In der Regel tötet jede Erläuterung den Witz, macht ihn kaputt, verhindert das Lachen. Dennoch soll dieser Witz hier erläutert werden, wie andere Witze in diesem Buch auch, einfach deshalb, um die These, dass im Witz die Sprache gegen sich selbst gewandt wird, zu verdeutlichen. Dazu muss etwas weiter ausgegriffen werden.

Der Witz vom Igel spielt mit einer bestimmten Eigenschaft unserer Sprache. Die Wörter, mit denen wir die sinnlich wahrnehmbaren Lebewesen und Gegenstände bezeichnen, können einfache oder primäre, d.h. nicht weiter zerlegbare Zeichen (wie z.B. ›Wolf‹, ›Hund‹, ›Ameise‹, ›Bär‹) sein, oder aber sie können aus solchen einfachen Zeichen zu sekundären Zeichen zusammengesetzt werden (wie z.B. ›Wolfshund‹, ›Ameisenbär‹). Während die primären Zeichen grundsätzlich willkürlich sind, also kein wie auch immer gearteter Zusammenhang zwischen dem bezeichneten Gegenstand und dem Zeichen selbst besteht, sind die sekundären Zeichen stets teilabbildend. Sie bilden den Gegenstand ab, nicht vollständig zwar, aber doch immerhin so, dass durch das Wort ein Blick auf den Gegenstand möglich wird. In der Linguistik spricht man deshalb von ›durchsichtigen Wörtern‹ und meint damit neben den erwähnten Komposita auch die Ableitungen (z.B. ›Arbeiter‹ zu ›Arbeit‹). Im alltäglichen Sprechen machen wir bei den sekundären Zeichen von der Möglichkeit, durch das Wort auf die Sache zu sehen, die Sache aus dem Wort zu erschließen, kaum Gebrauch, besonders dann nicht, wenn uns die Sache bekannt ist. Dann jedoch, wenn uns eine Sache nicht geläufig ist, wenn wir sie nicht kennen, ist uns jene Möglichkeit oftmals willkommen. Auch wenn wir noch nie einen ›Zebrafisch‹ gesehen haben, so denken wir uns beim Hören des Namens sicherlich einen Fisch mit schwarzen und weißen Streifen – vorausgesetzt natürlich, wir wissen, wie ein ›Zebra‹ aussieht und was ein ›Fisch‹ ist.

Da wir in der Sprache unzählige solcher sekundären Zeichen vorliegen haben und Neubenennungen meist auch mittels sekundärer Zeichen vornehmen, wird zugleich deutlich, dass wir unsere Welt in Zeichen konstruieren. Bei einem Fisch mit den beschriebenen Merkmalen denken wir an ein Zebra und nennen ihn einfach ›Zebrafisch‹. Wir übertragen eine Vorstellung auf eine andere, obwohl jener Fisch und ein Zebra in Wirklichkeit wohl kaum Gemeinsamkeiten aufweisen. Doch wir denken in Zeichen, und weil wir Neugedachtes oder neu zu Bezeichnendes meist mit Hilfe bereits vorliegender Zeichen fassen, entsteht tatsächlich etwas Neues, wobei dieses Neue aber auf Altes und Bekanntes zurückgeführt wird.

Der Witz mit dem Igel spielt mit diesen sprachlichen Möglichkeiten und Kennzeichen. Der Igel lernt, dass ein Wolfshund so heißt, weil sein Vater ein Wolf und seine Mutter eine Hündin war. Von dem Namen kann auf das Wesen der Sache (besser: auf ein wesentliches Merkmal des Tieres mit Namen ›Wolfshund‹) geschlossen werden. Und dieses ›Wesen‹ ist so beschaffen, dass es aus den beiden im Namen enthaltenen Teilen auf bestimmte Weise – hier könnte man sagen: additiv oder koordiniert – zusammengesetzt ist. Komposita wie ›Wolfshund‹ werden in der Wortbildungslehre, dem hier zuständigen Zweig der Linguistik, interessanterweise als »Kopulativkomposita« bezeichnet. Mit dem Wissen über die Motivierung des Namens ›Wolfshund‹ ausgestattet, begegnet der Igel nun jenem ihm noch unbekannten Tier, das sich ›Ameisenbär‹ nennt. Der Igel denkt nach, zieht eine Parallele, wendet die gerade gelernte Regel an und nimmt folglich dessen Namen auch als ein Kopulativkompositum: der Vater eine Ameise, die Mutter eine Bärin. Vermutlich nicht nur der Augenschein lässt ihn daran aber zweifeln.

Was der Igel offenbar nicht weiß, ist, dass es im Deutschen noch eine andere Gruppe von Komposita gibt, die sogenannten »Determinativkomposita«, bei denen das Verhältnis der beiden Bestandteile aber ganz unterschiedlich sein kann, so dass sich auch ganz andere Bedeutungen ergeben. Der Ameisenbär jedenfalls ist auf andere Weise zu seinem Namen gekommen: Er ist ein Bär, der gern Ameisen frisst und, um sie aufzuspüren, mit einer besonders beschaffenen Nase ausgestattet ist.

›Wolfshund‹ und ›Ameisenbär‹ scheinen als sprachliche Zeichen auf den ersten Blick nach dem gleichen Muster gebildet zu sein. Die

Vermutung, dass diesem Muster auch eine gleich gestaltete Wirklichkeit entspricht, liegt nahe. Aber weder die Wirklichkeit noch die Sprache stimmen hier überein. Der Witz funktioniert nach folgendem einfachen Schlussverfahren des Igels: Ein Wolfshund heißt ›Wolfshund‹, weil der Vater ein Wolf und die Mutter eine Hündin ist, in gleicher Weise heißt ein Ameisenbär ›Ameisenbär‹, weil der Vater eine Ameise und die Mutter eine Bärin ist. Beim Wolfshund kann der Igel die Begründung nachvollziehen, beim Ameisenbär jedoch nicht.[2] Der Igel schließt vom Namen auf die Wirklichkeit, und weil die Wirklichkeit nicht dem Namen entspricht, muss für ihn der Name falsch sein.

Mittels Sprache konstruieren wir unsere Wirklichkeit, aber wir konstruieren sie sprachlich nicht nach den gleichen Gesetzmäßigkeiten. Darüber lässt sich, wiederum mit Sprache, reflektieren, lässt sich die Sprache auf sich selbst anwenden, lassen sich Widersprüche und Ungereimtheiten erkennen – entweder in Form sachlicher Erklärungen wie gerade eben, oder aber in Form eines Witzes.

Unter einem Witz verstehen wir heute eine relativ kurze, nach bestimmten Mustern aufgebaute Erzählung. Früher jedoch, noch bis zum Ende des 18. Jahrhunderts, bedeutete ›Witz‹ etwas anderes: »Im Mittelalter hieß ›diu wizze‹ soviel wie Denkkraft, Klugheit, gesunder Menschenverstand«, schreibt Wolfgang Preisendanz in seiner Abhandlung *Über den Witz.* »Ende des 17. Jahrhunderts verengte sich die Bedeutung unter dem Einfluss des Französischen und meinte nun etwa dasselbe wie das noch heute geläufige Fremdwort ›Esprit‹; witzig hieß soviel wie geistreich und bezeichnete besonders die geschwinde Gedankenverbindung, die intellektuelle Kombination, die geistige Beweglichkeit, die Leichtigkeit des Beziehens und Assoziierens.«[3] Diese Bedeutung von ›Witz‹ kennen wir auch heute noch. Wir verwenden sie, wenn wir beispielsweise über jemanden sagen, dass er »viel Witz habe«, dass er »witzig sei«. Im Grunde ist diese Bedeutung auch noch im Witz als Text, als Erzählung, aufgehoben, denn jeder Witz, den man macht, kombiniert zwei unterschiedliche, gewöhnlich nicht zusammen passende Vorstellungen miteinander und erzeugt damit eine neue, in gewisser Weise sinnvolle und meist auch überraschende Erkenntnis. Einen »Witz machen« setzt also »Witz haben« voraus. Es zeigt sich hier auch die Verbindung zur Sprache: Die Fähigkeit zur intellektuellen Kombination ist

14

letztlich eine Fähigkeit, die sprachlich gefassten und vermittelten Wirklichkeitsbilder mittels Sprache zu ›hinterfragen‹ und – wiederum sprachlich – ein neues Bild der Wirklichkeit zu erzeugen.

Jean Paul, der in seiner *Vorschule der Ästhetik* (1804) dem Witz ein eigenes, umfangreiches Kapitel gewidmet hat, hebt bereits ausdrücklich auf diesen Aspekt ab: Er setzt sich kritisch mit der älteren Definition auseinander, nach der »Witz ein Vermögen sei, entfernte Ähnlichkeiten zu finden«,[4] und schreibt an anderer Stelle, der Witz sei »der verkleidete Priester, der jedes Paar kopuliert«.[5] Der Witz also akzeptiert den Zusammenhang von auf den ersten Blick nicht zusammenhängenden Sachverhalten. Indem er dies tut, löst er sich aus Konventionen, aus gängigen Vorstellungen, und produziert eine neue Erkenntnis. Gegen Ende der Abhandlung findet sich ein Paragraph über die »Notwendigkeit deutscher witziger Kultur«.[6] Jean Paul wird hier politisch:

> *Zu neuen Ideen gehören durchaus* freie*; zu diesen wieder* gleiche*; und nur der Witz gibt uns Freiheit, indem er Gleichheit vorher gibt, er ist für den Geist, was für die Scheidekunst Feuer und Wasser ist, Chemica non agunt nisi soluta (d.h. nur die Flüssigkeit gibt die Freiheit zu neuer Gestaltung – oder: nur entbundne Körper schaffen neue).*[7]

Den Deutschen attestiert Jean Paul die »Anlage« zum Witz, nicht aber den »Geschmack« für den Witz.[8] Ein solcher Geschmack kann sich nur bilden, wenn »Freiheit« herrscht, zunächst gedankliche Freiheit, deren Voraussetzung aber natürlich politische Freiheit ist. »Freiheit gibt Witz (also Gleichheit mit), und Witz gibt Freiheit«, fasst Jean Paul zusammen und stellt anschließend grundsätzlich fest:

> *Der Witz – das Anagramm der Natur – ist von Natur ein Geister- und Götter-Leugner, er nimmt an keinem Wesen Anteil, sondern nur an dessen Verhältnissen; er achtet und verachtet nichts; alles ist ihm gleich, sobald es gleich und ähnlich wird; er stellt zwischen die Poesie, welche sich und etwas darstellen will, Empfindung und Gestalt, und zwischen die Philosophie, die ewig ein Objekt und Reales sucht und nicht ihr bloßes Suchen, sich in die Mitte und will nichts als sich und spielt ums Spiel – jede Minute ist er fertig – seine Systeme gehen in Kommata hinein – er ist atomistisch, ohne wahre Verbindung […].*[9]

Jean Paul hat hier vor allem den intellektuellen Witz im Blick, jenen, der gedanklich kombiniert und dann eine neue Erkenntnis hervorbringt. Für einen solchen Witz mag Freiheit – gedankliche wie politische – die grundlegende Voraussetzung sein. Wir werden jedoch sehen, dass auch und gerade politische Unfreiheit eine wesentliche Bedingung für eine bestimmte Form von Witz sein kann und tatsächlich auch war – für den politischen Witz, der diese Unfreiheit im weitesten Sinne zum Gegenstand macht und damit zumindest Ausdruck einer gedanklichen Freiheit wird.

Auf der von Jean Paul vorgezeichneten Spur, im Witz eine überraschende Erkenntnis ausgedrückt zu sehen, die durch ein Erzeugen von bislang nicht erkannten Zusammenhängen entsteht, befindet sich das gesamte 19. Jahrhundert.[10] Und auch heute noch wird der Witz vor allem aufgrund dieser Eigenschaft definiert:

> *Eine kurze (oft in mündlicher Überlieferung entstandene) Erzählung, die eine überraschende, den Erwartungshorizont desavouierende Wendung durch ihre unvermutete Verbindung mit einem abliegenden Gebiet erhält, wodurch sowohl eine Sinn- als auch eine Bewertungsverschiebung eintritt.*[11]

Den bedeutendsten Beitrag zum Verständnis des Witzes hat sicherlich Sigmund Freud in seiner Abhandlung *Der Witz und seine Beziehung zum Unbewußten* aus dem Jahre 1905 geleistet. Freud sah Analogien zwischen dem Traum und dem Witz. Beide holen verdrängte, in aller Regel mit einem Tabu belegte Vorstellungen aus dem Unbewussten hervor und erzeugen dadurch, dass der zur Verdrängung benötigte Aufwand ›erspart‹ wird, einen Lustgewinn. Gemeinsam ist beiden – Traum wie Witz – darüber hinaus auch das Moment der »Verdichtung«. Der Traum verdichtet Bilder, in ihm können Ereignisse erlebt werden, die so in der Realität nicht möglich sind, weil sie beispielsweise zeitgleich an verschiedenen Orten stattfinden. Der Witz vermag auch Bilder zu verdichten, aber diese Verdichtung findet, eben weil der Witz ein Text ist, auf sprachlicher Ebene statt. Es ist das Spiel mit Wörtern, mit Sprache überhaupt, in dem diese Verdichtung erzeugt und gestaltet wird. Die Entschlüsselung des hinter dieser Verdichtung liegenden Sinns aber erzeugt Lust.

An dieser Stelle spätestens aber ist die Frage zu stellen, warum Witze erzählt werden müssen, warum sie, im Gegensatz zum Traum, der ja eine ganz persönliche Angelegenheit ist, sozialen Charakter besitzen. Offenbar benötigen wir das Lachen der anderen, um aus dem Witz, den wir beim Erzählen ja bereits schon kennen und durchschaut haben, noch Lust beziehen zu können. In diesem Sinne jedenfalls schreibt Freud, dass Lachen »zu den im hohen Grade ansteckenden Äußerungen psychischer Zustände« gehöre: »Wenn ich den anderen durch die Mitteilung meines Witzes zum Lachen bringe, bediene ich mich seiner eigentlich, um mein eigenes Lachen zu erwecken«.[12] Tatsächlich werden Witze meist mit recht ernster Miene erzählt, dann aber stimmen beide, Erzähler wie Hörer, in ein gemeinsames Lachen ein.

Sehr schön hat Martin Grotjahn in seinem Buch *Vom Sinn des Lachens* Freuds psychoanalytische Witztheorie zusammengefasst:

Freuds These ist einfach und unkompliziert: Lachen tritt auf, wenn Verdrängungsenergie von ihrer statischen Funktion, etwas zu verbergen, zu verdrängen und dem Bewusstsein fernzuhalten, befreit wird. Der Witz beginnt mit einer absichtlichen Aggression, einem beleidigenden, schockierenden Gedanken. Dieser muss verdrängt werden und verschwindet im Unbewussten wie ein Zug im Gebirgstunnel. Dort, in der Dunkelheit des Unbewussten beginnt, analog der Traumarbeit, die Witzarbeit; geschickt tarnt sie den latenten aggressiven Gedanken und verbindet die getarnte Aggression mit einer spielerischen Lust, die seit der Kindheit verdrängt ist und auf eine Befriedigungschance wartet. Nachdem die Witzarbeit beendet ist, taucht der Witz am anderen Tunnelende wieder auf und erblickt erneut das Tageslicht des Bewusstseins und des Gewissens. Inzwischen ist er annehmbar geworden, und die Energie, die ursprünglich aktiviert wurde, um die Feindseligkeit verdrängt zu halten, wird in Lachen umgesetzt. Die verdrängte Energie wird nicht mehr benötigt. Der Schock des freien Gedankens und des Freiseins von Verdrängung löst Freude und Lachen aus.[13]

Diese Befreiung von einer verdrängten, in der Tarnung des Witzes nun dem Bewusstsein zugänglichen und auch kommunizierbaren Aggression aber muss getestet werden. Der Test ist bestanden, wenn die Reaktion des Hörers entsprechend ausfällt – wenn sich ein La-

chen einstellt. Das gemeinsame Lachen ist zum einen eine Bestätigung, dass die Tarnung funktioniert hat, zum anderen auch das Ein-
verständnis, dass die im Witz enthaltene Aggression geteilt wird.
Das Lachen ist somit ein Zeichen für Solidarität.[14]

Damit wären wir bei den spezifischen Merkmalen des Witzes als
Textsorte. Der Witz ist eine der selten vorkommenden sprachlichen
Äußerungen, auf die nicht wieder mit einer sprachlichen Äußerung
reagiert werden kann. Er erfordert, wie gesagt, als adäquate Antwort
das Lachen, und diese nicht-sprachliche Antwort wird auch immer
dann gegeben, wenn der Witz ›gut‹ und in der Situation, in der er erzählt wurde, nicht unpassend war. Hinzu kommt ein weiteres bezeichnendes Merkmal: Witze werden meist ausdrücklich angekün-
digt, eingeleitet durch eine metakommunikative Äußerung wie beispielsweise »Soll ich Dir mal einen Witz erzählen?« oder »Kennst
Du schon den neuesten Witz?« Obwohl der Hörer durch eine solche Einleitung bereits weiß, dass er lachen soll, muss dieses Lachen
dennoch als eine spontane, unwillkürliche Reaktion erfolgen. Der
Witz ist folglich an Sprache gebunden, seine Funktion jedoch geht
über die rein sprachlich zu erschließenden Kennzeichen hinaus und
muss im psychischen und sozialen Bereich gesucht werden.

Noch ein drittes Merkmal zeichnet die Textsorte ›Witz‹ aus: Der
Witz ist eine meist mündlich tradierte Erzählung, die – jedenfalls
seit dem 19. Jahrhundert – keinen identifizierbaren Autor besitzt.
»Kaum jemand, der Witze erzählt, hat je selbst einen erfunden; und
wenn, so wird der Witz durch das Erzählen ein öffentlicher Gegenstand, jedermann frei verfügbar zum Gebrauch«, schreibt Bernhard
Marfurt in seiner linguistischen Abhandlung über die *Textsorte
Witz.*[15] Diese freie Verfügbarkeit hat zur Folge, dass der Text eines
Witzes nicht vollständig festgelegt ist. Jeder Erzähler, jede Erzäh-
lerin, kann den Text bis zu einem gewissen Grade variieren, kann
ihn ausschmücken und in die Länge ziehen. Gleichwohl – und das
ist entscheidend – gibt es für jeden Witz eine Grundstruktur, eine
Art »Idealtext«.[16] Variationen sind nur an der Oberfläche möglich;
die ideale Grundstruktur muss eingehalten werden, wenn die Pointe
nicht verfehlt und der Witz getroffen werden soll.

Es gibt nahezu nichts, was nicht Gegenstand, Thema eines Witzes
werden könnte. Lutz Röhrich, dessen Abhandlung *Der Witz. Figuren, Formen und Funktionen* gewiss als Standardwerk gelten kann,

unterscheidet folgende Hauptgruppen: »Komische Konflikte mit der Logik«, »Komische Konflikte mit der Realität«, »Komische Konflikte mit Moral, Sitte und Anstand«, »Körperliche und geistig-psychische Defekte, Gebrestenkomik«, »Soziale, religiöse und politische Konflikte«, »Der ethnische Witz« und schließlich noch »Der Bildwitz«. Jede Kultur, jede Sprechergemeinschaft, weist sodann bestimmte Vorlieben auf, besitzt eine eigene Art von Humor, aus der sich dann auch ganz spezielle Witztypen und Witzthemen ergeben. Am ausgeprägtesten dürfte der jüdische Witz sein, jene Gattung selbstironischer Witze von Juden über Juden. Zudem gibt es, betrachtet man den Witz geschichtlich, zu bestimmten Zeiten ganz bestimmte Witzmoden, in der Bundesrepublik der siebziger, achtziger und neunziger Jahre beispielsweise die Mantafahrer-Witze, die Ostfriesen-Witze und die Blondinen-Witze. Diese Beobachtung zeigt an, dass Witze bis zu einem gewissen Grade zwar universal sind, zugleich aber doch auf bestimmte Zeitumstände reagieren. Besonders deutlich wird dieser Umstand an den politischen Witzen, die eine typische gesellschaftliche und politische ›Umgebung‹ benötigen, um überhaupt entstehen und wirken zu können. Aufgrund dieser Eigenschaft können politische Witze, wie Lutz Röhrich schreibt, geradezu als ein Spiegel einer Epoche aufgefasst werden:

> Der politische Witz ist von hohem kulturgeschichtlichem Interesse, weil er in einer kurzen Erzählung die Probleme einer Zeit anschaulich macht. Die Aussagekraft des Witzes ist so groß, dass man den Versuch unternehmen könnte, mit Hilfe einer Reihe von Witzen eine ganze Epoche darzustellen. Politische Witze sind ein Barometer der wirklichen Volksmeinung, nicht der durch die Presse repräsentierten sog. ›öffentlichen Meinung‹. Es wäre möglich, die Geschichte des 20. Jahrhunderts auf der Basis von Witzen zu schreiben.[17]

Politische Witze spiegeln ihre Epoche. Aber – und das ist ihr wichtigstes Merkmal – sie spiegeln sie nicht offiziell, aus dem Blickwinkel der Herrschenden, sondern inoffiziell, aus dem Blickwinkel der Beherrschten. Sie sind Ausdruck dessen, was der scharfsinnige russische Literaturwissenschaftler Michail Bachtin als »Volkskultur« bezeichnet hat. In seiner Abhandlung *Rabelais und seine Welt. Volkskultur als Gegenkultur*, die man durchaus als eine subtile und gut getarnte Kritik an der Stalin-Ära lesen kann, beschreibt Bachtin die »Lachkultur« der Renaissance-Zeit. Darin eingebunden ist die Theorie einer Sprachordnung, wie sie vor allem in geschlossenen gesellschaftlichen Systemen zu beobachten ist:

> Er [Bachtin; d. Vf.] entwickelte [...] die Vorstellung eines kulturellen Mechanismus, der durch den Widerstreit zweier Kräfte bestimmt ist, die des Zentrifugalen und die des Zentripetalen. Eben die letztere ist es, die zur Vereindeutigung, Schließung des Systems, zum Monologischen tendiert, den Herrschaftsraum der einen Wahrheit beanspruchend, die das gesamte Sprachsystem affiziert, es zur Vereinheitlichung zwingt, die Literatursprache purgiert, aus der Dialektspuren und Subsprachenelemente jeglicher Art entfernt werden und in der nur ein Idiom Geltung hat. Diese zentripetale Kraft wird von der zentrifugalen, auf Mehrdeutigkeit zielenden, Öffnung und Überschreitung zulassenden bedrängt.[18]

Der politische Witz ist ein Teil dieser zentrifugalen Kraft, in der sich die Volkskultur als Gegenkultur manifestiert. Er entwickelt diese Kraft insbesondere in totalitären Staaten, die ja gerade dadurch gekennzeichnet sind, dass die Herrschenden eine besonders große zentripetale Kraft ausüben. Deren Wille zur Einheitlichkeit, zur Uniformität, zum Zentralismus und Dogmatismus richtet sich, wie Bachtin völlig zu Recht hervorgehoben hat, gerade auch auf die Sprache. Jede Diktatur strebt danach, die Sprache zu normieren, die ›guten‹, mit dem System konformen, das System stützenden und es reproduzierenden Wörter eindeutig von den ›bösen‹, den Gegner und politischen Feind charakterisierenden Wörtern zu trennen. Genau auf diese offizielle Sprache reagiert der politische Witz. Er bricht die Sprachnormierung, in der die Sicht der Wirklichkeit festgelegt ist, auf und stellt ihr eine andere Sprache, eine andere Sicht der Wirklichkeit entgegen. Natürlich ist diese andere Sicht der Wirklichkeit ›nur‹ eine gedanklich konstruierte, die in der offiziellen Wirklichkeit und deren Sprachrealität keine Chance besitzt, ungestraft auftreten zu dürfen. Der politische Witz in totalitären Gesellschaften lebt im Verborgenen, im Geheimen, aber gerade dort entwickelt er seine Kraft, vermag er die Menschen zusammenzuschließen in einer Form des gemeinsamen Lachens, das für Sekunden von der Unterdrückung ›befreit‹.

Es ist z.T. ein bitteres Lachen, das sich aus den politischen Witzen ergibt. Es resultiert aus Situationen, in denen man im Grunde nichts zu lachen hat, und die Anlässe zum politischen Witz sind tragisch. Doch Erfinder und Erzähler machen sich über ihre eigene Ohnmacht lustig, in witziger Verkleidung werden z.T. sogar scharfe Anklagen formuliert. So bewährt sich der Witz hier als geistiges Ventil und als Regulativ zur Wiederherstellung des seelischen Gleichgewichtes. Psychologisch bedeutet die Haltung des politischen Witzes eine Art Ausweichen in eine Welt der Illusion und der inneren Emigration. Mehr noch: Er verleiht dem Unterdrückten gegenüber dem Unterdrücker eine Position geistiger Überlegenheit. Die Witze sind eine Auseinandersetzung mit dem System. Sie ziehen das Ernste, Schlimme, Lebensbedrohende in einen komischen Konflikt, und sie verraten eine erstaunliche Einsicht in die tieferen Gründe und Hintergründe der Geschehnisse.[19]

Ob der politische Witz, wie Lutz Röhrich hier meint, tatsächlich eine Art ›innerer Emigration‹ ist, könnte bezweifelt werden. Schließlich wird auch der politische Witz weitergegeben, wenn auch nur an Personen, die als ›vertrauenswürdig‹ gelten, von denen man weiß, dass auch sie so denken, wie es im Witz nahegelegt wird. Wenn es denn innere Emigration ist, die im politischen Witz zum Ausdruck kommt, dann ist es immerhin eine kollektive innere Emigration. Angemessener erscheint es uns, den politischen Witz als eine Art gedanklicher Opposition und geistigen Widerstands zu bezeichnen. Sicherlich ist dieser Widerstand noch kein politisches Handeln in dem Sinne, dass er konkret auf eine Beseitigung der Unterdrückung hinwirkt. Aber indem er oppositionelles Denken kommunikabel macht und damit die Gewissheit liefert, dass auch andere oppositionell denken, kommt ihm vermutlich eine nicht zu unterschätzende, aber nur schwer zu belegende Bedeutung zu.[20] Eines aber ist sicher: Solange es in einem totalitären Staat politische Witze gegen den Staat gibt, ist weder das Denken der Menschen noch ihre Sprache uniform. Bis dort hin reicht die Herrschaft der Herrschenden nicht – und das gibt Hoffnung.

2 Sprache und Sprachordnung in der DDR

Vierzig Jahre lang existierten nebeneinander zwei deutsche Staaten. Zwar besaßen sie eine gemeinsame und durchaus schwer wiegende Vergangenheit, aber die Jahre der Trennung waren so gravierend, aufgrund der unterschiedlichen politischen Systeme so einschneidend, dass in den siebziger und achtziger Jahren wohl kaum jemand wirklich an eine rasche und problemlose Vereinigung glaubte. Rasch kam sie dann, problemlos aber war und ist sie nicht. Expertenhafter Rat, vor allem von jenen, die es besser wissen mussten, wurde deshalb gern erteilt und wird es immer noch. Als im November 1989 an der Berliner Mauer die bis dahin undurchlässigen Sperren von Ost nach West geöffnet wurden und die damaligen Bürger der DDR zunächst Reisefreiheit, bald auch Konsumfreiheit und schließlich alle Freiheiten einer westlichen Demokratie erhielten, standen nicht nur Politik und Wirtschaft mit Wort und Tat zur Besetzung eines neuen Wirkungsfeldes bereit. Auch so manche Wissenschaft verspürte sogleich verstärkten Handlungsbedarf.

Die Sprachwissenschaft, an sich ja keine besonders reaktionsfreudige und handlungsstarke Disziplin, erkannte für sich und für ihren Gegenstand rasch das Besondere und damit auch Rare jener Situation: Was sonst methodisch streng getrennt gehalten wird, Diachronie und Synchronie nämlich, oder, auf den Gegenstand bezogen, die Beobachtung von Sprachveränderungen und von Sprachzuständen, fielen im Moment der Maueröffnung praktisch zusammen. Man könnte auch sagen: Die Geschichte ereignete sich in der Gegenwart – eine Formulierung, die letztlich ja nur eine nüchterne Umschreibung des einst geflügelten, nun aber langsam schon vergessenen Wortes des ›Kanzlers der Einheit‹ darstellt: »Dieses ist eine historische Stunde«. Die Linguisten nutzten die Stunde und produzierten in sonst kaum gekannter Geschwindigkeit Tagungen und öffentliche

Vorträge, Aufsätze und Bücher, mit deren Lektüre kaum nachzukommen war.[1]

Was stellte man fest? Eines vor allem: Nach vierzig Jahren Trennung konnten sich die Menschen aus Ost und West zwar ohne größere Probleme *verständigen*, nicht aber eigentlich *verstehen*. Mit anderen Worten: Deutsch (Ost) und Deutsch (West) waren, trotz mancher Unterschiede im Wortschatz und Wortgebrauch, in der Grammatik und in manchen Eigenheiten von bestimmten Textsorten, als Kommunikationsmittel weitgehend kompatibel, doch sie waren kein Mittel, eine gemeinsame, Ost- und Westdeutsche umfassende Gruppenidentität herzustellen. Wolfgang Thierse, von Beruf Germanist und Politiker, bemerkte 1992 in einem Vortrag mit dem traditionsreichen Titel *Sprich, damit ich dich sehe*, man habe in der DDR keine andere Sprache gesprochen, wohl aber ein anderes Deutsch:

> *Was das ›DDR-Deutsch‹ ausmacht, das Andersartige in publizierten Texten oder auch in der Alltagskommunikation, sind nicht so sehr Unterschiede in der Sprache, d.h. in den durch Grammatik und Wortschatz über Jahrhunderte hinweg bereitgestellten Ausdrucksmöglichkeiten, als vielmehr Unterschiede im Sprachgebrauch, d.h. in den durch Stil, Wortwahl, Frequenz sichtbar werdenden Ausdrucksfestlegungen.*[2]

Die Unterschiede im Sprachgebrauch müssen auf den unterschiedlichen Gesellschaftssystemen basieren, sie sind somit Teil des Zusammenhangs zwischen Sprache und Politik. Blicken wir also auf die wichtigsten Merkmale des Sprachgebrauchs in der ehemaligen DDR und versuchen wir zu bestimmen, wo in diesem Sprachgebrauch der Witz anzusiedeln ist und gegen wen, gegen welche und wessen Sprache, er sich richtet.

Zunächst jedoch noch eine Vorbemerkung. Jede Sprache gliedert sich in verschiedene Ebenen, die beispielsweise durch einen bestimmten Wortschatz oder durch stilistische Eigenheiten gekennzeichnet sind. Die Gliederung in Ebenen kann sehr weit getrieben werden, prinzipiell sind sehr feine Unterscheidungen möglich. Für unsere Zwecke genügt es, ein etwas gröberes Bild der Sprachebenen und der jeweils dazugehörigen Sprachordnungen für die DDR zu zeichnen, denn wir benötigen im Grunde nur eine Bestimmung zweier sprachlicher Orte: des Ortes, an dem der Witz sich entfaltet hat und jenes Ortes, der ihm Gegenstand der Kritik war.

Schon bald nach der Wende hat man konstatiert, dass für die DDR drei Kommunikationsbereiche oder Diskurse zu unterscheiden sind. Peter von Polenz fasst sie folgendermaßen:

1. *der öffentliche Diskurs in allen staatlichen Institutionen (einschließlich der Schule) und Massenmedien (auch über Schule, Kindergarten und Junge Pioniere mit rituellen Formen weit ins Alltagsleben hinein),*
2. *der halböffentliche Diskurs in kirchlichen und oppositionellen Diskussionsgruppen und im kulturell-literarischen Bereich, auch gruppenintern in der SED (was wesentlich zum unblutigen Verlauf der Revolution beigetragen hat),*
3. *der privat-zwischenmenschliche Diskurs im vertraulichen Umgang in Familie, Nachbarschaft und Freundeskreis [...].*[3]

Der öffentliche Diskurs war geprägt von einer starken Schablonisierung und Ritualisierung vor allem des Kommunikationsverhaltens. Das Sprechen und Schreiben über politische Gegenstände – und in der DDR gab es kaum Bereiche, die offiziell als unpolitisch angesehen wurden – folgte vorgegebenen Mustern, die für ein freies und individuelles Formulieren kaum Raum ließen. Die Leipziger Sprachwissenschaftlerin Ulla Fix nennt folgende Stilelemente, die den rituellen Sprachgebrauch in der Öffentlichkeit kennzeichneten:

– gehobener Wortschatz (›das Antlitz erheben‹, ›das Gelöbnis vernehmen‹),
– abweichende, altertümelnde Wortstellung (›unser aller Ziel‹, ›erhobenen Hauptes‹),
– Schlag- und Fahnenwörter (›Freiheit‹, ›sozialistische Menschengemeinschaft‹),
– Termini (›Staat‹, ›Proletariat‹, ›Diktatur des Proletariats‹),
– hochaggregierte Symbole (›zum Wohle aller‹, ›im Dienste der Sache‹),
– Formeln (›Ich erkläre ... als eröffnet‹, ›das einheitlich handelnde sozialistische Erzieherkollektiv‹),
– Elemente der Dichtung wie Endreim, Stabreim, Rhythmus, Metrik (›Arbeite mit, plane mit, regiere mit‹),
– konnotative Überhöhung durch Verwendung vieler konnotierter, vor allem expressiver Wörter, Symbole (z.B. ›Taube‹ im politischen wie im religiösen Sprachgebrauch),

- Metaphern (›kühne Erbauer des Sozialismus‹),
- verhüllende Wörter (›Plankorrektur‹, ›bürgernah‹, ›allseitige Befriedigung der Bedürfnisse‹),
- Anaphern und Parallelismen (›Seid ihr bereit?‹).[4]

Deutlich erkennbar werden diese Kennzeichen jedoch erst, wenn man sie in einem konkreten Text realisiert findet. Deshalb sei nachfolgend ein Ausschnitt aus einer offiziellen Rede wiedergegeben, in dem nahezu alle erwähnten Stilelemente anzutreffen sind:

Wir Lehrer und Erzieher sind stolz darauf, unseren so friedlichen Beruf in einem Staat ausüben zu können, für den der Frieden, der Kampf für die Sicherung des Friedens und für eine glückliche Zukunft unseres Volkes und aller Völker oberstes Gebot ist!

Wir sind stolz darauf, in einem Staat wirken zu können, der auf die Jugend baut, für das Wohl der Kinder und die Zukunft der Jugend bestimmende Maximen des Handelns sind, und in dem unser Beruf eine so hohe Achtung und Anerkennung genießt.

Als Lehrer und Erzieher unserer sozialistischen Schule vermitteln wir unseren Schülern das Rüstzeug für das Leben und die Arbeit im Sozialismus. Wir bilden und erziehen junge Menschen, die als Jung- und Thälmannpioniere und als Mitglieder der Freien Deutschen Jugend stets um fleißiges und diszipliniertes Lernen und um die Ausprägung einer charakterfesten klassenmäßigen Haltung ringen und die sich bereits als Schüler aktiv an der Gestaltung der entwickelten sozialistischen Gesellschaft beteiligen.

Wir sind stolz darauf, in einem Staat als Pädagogen wirken zu können, in dem wir uns in unserem Tun eins wissen mit den Werktätigen in Stadt und Land, mit den Eltern, mit dem sozialistischen Jugendverband und den vielen anderen an der Erziehung der Schuljugend Beteiligten, vor allem aber eins wissen mit der führenden Kraft in unserem Lande, mit der Sozialistischen Einheitspartei Deutschland. Es ist ein großes Glück, in einem solchen Staat Lehrer, Erzieher sein zu dürfen.[5]

Es dürfte nicht nötig sein, diesen Text umfassend zu interpretieren. Die Formelhaftigkeit sowohl des politischen und fachlichen Wortschatzes springt ebenso ins Auge wie die Tatsache, dass hier nur zwei Sprachhandlungen vorherrschen, nämlich das ›Feststellen‹ und das ›Bekunden von Gefühlen‹. Sprachhandlungen wie ›Argumentieren‹ oder gar ›Kritisieren‹, die Individualität des Sprechenden erkennen ließen, fehlen völlig. Das Besondere des durch Sprachrituale gekennzeichneten öffentlichen Diskurses in der DDR sieht Ulla Fix in Folgendem: »Es besteht [...] darin, dass sich die Formen ritueller Kommunikation über ihren üblichen Bestand hinaus ausgeweitet haben und sich – einer Narkosemaske vergleichbar – auf das Gesicht des Kommunikationsteilnehmers gelegt, ihn buchstäblich seines bewussten Blicks und seines klaren Urteils- und Mitteilungsvermögens beraubt haben.«[6]

Eine der wichtigsten Funktionen des offiziellen politischen Sprachstils waren »viele semantische Differenzierungen in Oppositionspaaren«.[7] Dazu gehörten beispielsweise solche Festlegungen wie ›sozialistische Demokratie‹ versus ›bürgerliche Demokratie‹, ›(sozialistischer) Gewinn‹ versus ›(kapitalistischer) Profit‹, ›(sozialistischer) Leistungslohn‹ versus ›(kapitalistischer) Akkordlohn‹, ›(sozialistische) Gesellschaftswissenschaft‹ versus ›(bürgerliche) Soziologie‹. Durch derartige sprachliche Festlegungen wurde letztlich auch »das Denken dualistisch festgelegt auf unausweichliche Entscheidungen nach ›Freund‹ und ›Feind‹, ›fortschrittlich‹ und ›reaktionär‹, ›gut‹ und ›schlecht‹«.[8] Gleichwohl darf nicht verkannt werden, dass die Sprachlenkung wohl in den seltensten Fällen tatsächlich auch zu einer Meinungslenkung geführt hat. Die meisten Menschen in der DDR waren zweisprachig: Sie vermochten bewusst zu entscheiden, wann sie das offizielle Sprachritual als Zeichen für ihre Konformität mit dem Staat zu absolvieren hatten und wann sie darauf verzichten konnten. Peter von Polenz schreibt dazu:

Die Menschen in der DDR wussten genau, in welchen Situationen und gegenüber welchen Personen sie zu ihrem individuellen Vorteil z. B. statt der Abkürzung DDR *die Vollform des Staatsnamens mit dem gruppensymbolischen Zusatz* unsere *zu sprechen, die Anreden* Genosse/Genossin, Kollege/Kollegin, Jugendfreund/-freundin *oder emphatische Adjektive und Adverbien wie* allseitig, breit, konkret, umfassend, vorbildlich, wahrhaft *zu benutzen hatten, oder die üblichen Beschwichtigungsformeln:* zunehmend, noch mehr, noch nicht konsequent genug.[9]

Gerade die Zweisprachigkeit, die Fähigkeit zu entscheiden, wann und wo ein Sich-Einlassen auf die offizielle Sprachordnung opportun oder zur Vermeidung von Nachteilen unbedingt nötig war, hat die Sprachverhältnisse in der DDR gekennzeichnet. Die zweite ›Sprache‹, die neben dem öffentlichen Diskurs gepflegt wurde, war der privat-zwischenmenschliche Diskurs. Sein wichtigstes Kennzeichen war die weitgehende Abwesenheit von DDR-spezifischen, ideologisch geprägten Ausdrucksweisen. Neben der Kommunikation über Fragen der alltäglichen Lebensführung kamen im privaten Diskurs aber auch Themen zur Sprache, die im öffentlichen Diskurs ausgeklammert oder gar tabuisiert waren. Insbesondere wurde über den Bereich des Sexuellen kommuniziert, der offiziell und öffentlich in der DDR gar nicht vorkam. Das konnte sogar so weit gehen, dass pornographische Texte verfasst und im Freundes- oder Kollegenkreis verdeckt weitergegeben wurden.[10] Wichtiger aber erscheint, dass im privaten Diskurs durchaus kritisch über die gesellschaftlichen, wirtschaftlichen und politischen Zustände in der DDR gesprochen wurde. Auch die Verhältnisse in der Bundesrepublik Deutschland waren ein Thema, denn das Westfernsehen, das bis auf einen kleinen Raum um Dresden, dem sogenannten »Tal der Ahnungslosen«, überall in der DDR empfangen werden konnte, wurde ausgiebig konsumiert. Gewiss reichte die offizielle Sprache in den privaten Diskurs hinein, denn die Notwendigkeit, »gesellschaftliche Arbeit« in den zahlreich vorhandenen Organisationen zu verrichten, bildete eine Klammer zwischen dem öffentlichen, beruflichen und dem privaten Leben. Gleichwohl aber wurde bis zu einem gewissen Grade eine Eigenständigkeit des Privaten und damit auch des privat-zwischenmenschlichen Diskurses bewahrt.

Zwischen dem öffentlichen und den privat-zwischenmenschlichen Diskurs ist der halböffentliche Diskurs angesiedelt. Peter von Polenz zählt hierzu insbesondere die kirchlichen und oppositionellen Diskussionsgruppen, aber auch kabarettistische Aufführungen, satirische Zeitschriften, literarische Werke und gar einige kulturelle Fernseh- und Rundfunksendungen.[11] Kennzeichen dieses halböffentlichen Diskurses ist, wie auch für den privaten Diskurs, die kritische Auseinandersetzung mit den Verhältnissen in der DDR, allerdings in einer zumindest teilweise institutionalisierten Form. Soweit diese Kritik öffentlich gemacht wurde (Kabarett, das Satiremagazin *Eulenspiegel*, Literatur), fand eine vorgängige Zensur statt, ansonsten wurden oppositionelle Gruppen, wie man heute weiß, von der Staatssicherheit nahezu lückenlos überwacht, bespitzelt und meist gar durch »informelle Mitarbeiter« der Stasi unterwandert. In dieser eher intellektuell geprägten Opposition kann der »systematische langfristige Vorläufer der Sprachrevolte« von 1989 gesehen werden.[12]

Peter von Polenz vertritt die Meinung, dass der politische Witz in der DDR im halböffentlichen Diskurs angesiedelt sei.[13] Gewiss kursierten Witze auch unter den oppositionellen Intellektuellen. Ihren eigentlichen Ort aber, und zwar sowohl ihren Entstehungs- als auch ihren Verbreitungsort, dürften die politischen Witze im privaten-zwischenmenschlichen Diskurs gehabt haben. Dort waren sowohl die ›Stimmung‹ als auch das sprachkritische Potential vorhanden, Witze zu kreieren und zu erzählen.

Bevor wir im folgenden Kapitel einen Gang durch die Witzkultur in der DDR machen werden und dabei auch zu zeigen versuchen, dass der Witz im privaten Diskurs des Volkes anzusiedeln ist, müssen einige linguistische Voraussetzungen zur Beschreibung der Entstehungsbedingungen von Witzen – insbesondere von Sprachwitzen – festgehalten werden.

Eine Sprache lässt sich theoretisch fassen als ein System sprachlicher Zeichen. Das sprachliche Zeichen als Einheit dieses Systems ist nach Ferdinand de Saussure, dem Begründer der modernen Linguistik, eine arbiträre, also willkürliche Verbindung zweier Komponenten: eines ausdrucksseitigen Lautbildes, des *signifiant* oder Signifikanten, und einer inhaltsseitigen Vorstellung, des *signifié* oder Signifikats. Solange man das Zeichen auf rein sprachsystematischer und synchroner, also beispielsweise auf die Gegenwart bezogener Ebene betrachtet, erscheint die Verbindung von Signifikant und Signifikat aufgrund von Konventionen der Sprachgemeinschaft als eine feste Einheit. Nimmt man nun die Zeit hinzu, wählt man also eine diachrone, sprachgeschichtliche Betrachtung, dann kann sich die feste Einheit auflösen: Einem gleich bleibenden Lautbild kann eine neue Vorstellung und einer bestehenden Vorstellung kann ein neues Lautbild zugeordnet werden. Auch ist es – das wurde bereits im vorhergehenden Kapitel angedeutet – möglich, bestehende Lautbilder zu kombinieren, um neue Vorstellungen zu erzeugen oder neuen Vorstellungen mittels bestehender Lautbilder einen Ausdruck zu geben.

Neben diesen beiden Existenzweisen des sprachlichen Zeichens gibt es aber auch noch eine dritte Möglichkeit: die bewusste Ablösung des Signifikanten von seinem Signifikat in bestimmten Formen der Sprachverwendung, wodurch er einen neuen Sinn, ein neues, wenngleich auch nicht völlig anderes Signifikat erhält. Wir kennen derartige Vorgänge vor allem aus dem Feld der Metaphorik. Sie lassen sich auch für zahlreiche Witze, vor allem die politischen, feststellen.

Der politische Witz in der DDR arbeitet mit dem Mittel der Variation des existenten, offiziellen Zeichensystems, wie es im öffentlichen Diskurs festgelegt ist. Er ist damit eine explizite und praktische Form von Kritik der politischen Sprache. Das existente Zeichensystem des öffentlichen Diskurses ließe sich als *Sprachrealität* oder *offizielle Sprachnorm* bezeichnen. Damit ist ein bestimmter Code gemeint, die Zeichen selbst und ihre Gebrauchsregeln umfassend, der sich offiziell und öffentlich durchgesetzt hat oder, was für die DDR eher zutrifft: der staatlicherseits ein- und durchgesetzt wurde. Den Sprechern innerhalb einer solchen Sprachgemeinschaft stehen drei markante Möglichkeiten zur Verfügung, sich der Sprachrealität gegenüber zu verhalten:

1. Sie können die Zeichen gemäß des existenten, gebräuchlichen Zeichensystems, der Sprachrealität, benutzen. Sie reproduzieren damit dieses Zeichensystem und tragen in der Regel zu dessen Konsolidierung und Konstanz bei.
2. Sie können durch leichte Verschiebungen des Verhältnisses von Signifikant und Signifikat oder durch leichte Änderungen der Gebrauchsregeln des gesamten Zeichens innerhalb des Systems der Sprachrealität einen neuen Sinn des Zeichens produzieren, der die Sprachrealität und die von ihr bezeichneten Verhältnisse oder Vorstellungen in einem ungewohnten, neuen Licht erscheinen lassen, das, verbunden mit dem intellektuellen Erfolgserlebnis der Entschlüsselung dieses neuen Sinns, witzig wirkt. Wir bezeichnen diese Form des Verhaltens gegenüber der Sprachrealität als *Sprachwitz*. Die Funktion des Sprachwitzes ist eine Distanzierung von der existenten Sprachrealität, verbunden mit deren Neubewertung, ohne damit jedoch eine neue, andere Sprachrealität als Alternative zu etablieren.

3. Die Sprecher können das Verhältnis von Signifikant und Signifikat oder aber die Gebrauchsregeln des gesamten Zeichens völlig
neu bestimmen, d. h. sie können einem existenten Signifikanten
ein neues Signifikat bzw. einem existenten Signifikat einen neuen
Signifikanten zuordnen und damit das existente Zeichen gegen
seine Gebrauchsregeln verwenden. Diese Form des Verhaltens
gegenüber der Sprachrealität bezeichnen wir als *Sprachspiel*. Seine Funktion ist letztlich der Entwurf einer neuen Sprachrealität,
was selbstverständlich, da die bestehende Sprachrealität ja Ausdruck einer politisch-gesellschaftlichen Realität oder Ideologie
ist, mit dem Anspruch einhergeht, auch letztere in neuer Gestalt
zu schaffen.

Der Sprachwitz war die vorherrschende Form des politischen Witzes zu DDR-Zeiten. Das Sprachspiel entstand als neue Form des
Umgangs mit sprachlichen Zeichen in der Wendezeit 1989/90. Beide, Sprachwitz wie Sprachspiel, funktionieren nur durch eine Be-
zugnahme auf die Sprachrealität – ein Verhältnis, das sich semio-
tisch so ausdrücken lässt: Sprachwitz und Sprachspiel besitzen einen doppelten Referenzbereich. Sie referieren zuerst auf das existente Zeichensystem der Sprachrealität, indem sie deren Zeichen,
insbesondere die Signifikanten, verfremden oder mit ihnen spielen.
Sodann referieren sie aber auch auf die Wirklichkeit, also auf den
Gegenstand, für den das Zeichen der Sprachrealität steht, und geben damit dem Referenzobjekt einen neuen Sinn, verbinden folglich
mit ihm eine neue Vorstellung, bewerten ihn neu, schaffen eine neue
Sicht der Wirklichkeit.

Am deutlichsten wird die Umdeutung und Neubewertung der
mittels des existenten Zeichensystems hergestellten Wirklichkeit
dort, wo neue Zeichen für bestimmte Wirklichkeitsausschnitte erfunden und in Umlauf gesetzt wurden. Peter von Polenz führt einige
auf:

Tal der Ahnungslosen *für die fürs Westfernsehen unerreichbare Gegend
um und östlich Dresden* – Sudel-Ede *für den Fernsehkommentator Karl
Eduard v. Schnitzler (dazu: ein* Schnitz: *die minimale Zeiteinheit, in der
man dessen* ›Schwarzen Kanal‹ *abzuschalten in der Lage ist)* – die Firma
oder Firma Horch, Guck & Greif *für den Staatssicherheitsdienst* – Cam-

ping Afghanistan *für die Rote Armee* – Bückware *für Mangelware, die man nur durch Bücken des Verkäufers unter den Ladentisch erhalten kann.*[14]

Weitere Beispiele ließen sich hinzufügen: *Wucherbude* für die ›Delikatessläden‹, die in den siebziger Jahren zur Abschöpfung der überschüssigen Kaufkraft eingerichtet wurden, *sozialistisches Einkaufszentrum* für die stets mit Waren unterversorgte ›Kaufhalle‹ oder *Rotlichtbestrahlung* für ›politischen Unterricht‹.

In solchen Neubenennungen drückt sich Kritik an den bestehenden Bezeichnungen und Verhältnissen ebenso aus wie Witz. Es ist ein witziger, schöpferischer Umgang mit Sprache, der hier offenbar wird. Im Grunde sind derartige Neubenennungen, die die Form einer Wendung oder eines Wortes haben, kondensierte Witze, zu einem Zeichen geronnene Kritik. Sie sind Ausdruck eines kritischen Bewusstseins, das sich in Gestalt von Sprachkritik manifestiert.

Der DDR-Führung war die Disposition der Bevölkerung zur Schöpfung von Sprachwitzen aus der Abänderung des offiziellen Sprachgebrauchs selbstverständlich bekannt. Vorbeugend hat man denn auch versucht, eine Art negativer Sprachregelung zu treffen, vor allem in Form vom Presseanweisungen, wie z.B. in der folgenden aus dem Jahre 1985. Sie lautet: *Nicht vom ›Staatszirkus der DDR‹ sprechen, den Namen umschreiben.*[15] Mit diesem Beispiel einer Witzvermeidungsstrategie sind wir bereits mitten drin im Thema – den Witzen in der DDR.

3 Der Witz in der DDR –
die inoffizielle Gegenöffentlichkeit

Seinem kleinformatigen, in jede Gesäß- oder Handtasche passenden Wörterbuch des DDR-typischen Sprachgebrauchs, das zahlreiche offizielle Wortprägungen und ihre satirischen Auslegungen aufbewahrt, hat Ernst Röhl folgende Einleitung vorangestellt:

Es war einmal…

ein Land, in dem begannen die Märchen so: Dieses Jahr, Genossen, sind wir wieder ein gutes Stück vorangekommen.

DDR-Bonsais waren die größten der Welt. Dasselbe trifft auf die Mikroelektronik zu. Die Züge wurden immer zugiger, die Wagen immer gewagter, die Mark immer markiger … und auch die Lausitz konnte sich immer mehr sehen lassen. Die Künstler wurden immer künstlicher, die Sportler immer sportlicher! Der DDR-Verkehrsminister war der stärkste Schachspieler der Welt; Tag für Tag gelang es ihm, mit sehr, sehr wenigen Zügen ein ganzes Land matt zu setzen.

Die Bewohner hatten, obwohl sie sich die Welt gar nicht angeschaut hatten, seit langem schon eine Weltanschauung und außer ihrer Muttersprache eine Vatersprache, die Sprache von Vater Staat: die deutsche Sprache der DDR.

Diese Sprache war von so unglaublichem Humor, dass das Land auf humoristischem Gebiet den internationalen Vergleich nicht scheuen musste. Das zeigt allein schon der Vergleich mit Spanien. Über Spanien lacht nur die Sonne, über die DDR lacht die ganze Welt. Bis auf den heutigen Tag.[1]

Ernst Röhl muss es wissen. Der gelernte DDR-Bürger und aufmerksame Beobachter des DDR-Deutsch entlarvt hier einen Zug jener seinerzeit offiziell gebrauchten und zur Nachahmung dringend empfohlenen Sprache: ihren Hang zur Übertreibung, zum Bessersein als alle anderen Länder und Menschen der Welt – die sozialistischen Bruderstaaten, insbesondere die Sowjetunion, einmal ausgenommen. Sprachlich drückt sich dieses Bessersein in der gehäuften Verwendung des Komparativs aus, manchmal gar des Superlativs. Aber was ist, wenn die Bonsais und die Mikrochips aus der DDR die größten der Welt sind, wenn die Züge immer zugiger und die Künstler immer künstlicher werden? Irgendetwas stimmt dann nicht. Sich selbst überlassen, frei, die gängigen Klischees zu reproduzieren, entlarvt die Sprache – und nur sie allein – jene immer wieder verkündete bessere Wirklichkeit, die in Wahrheit alles andere als besser und vielleicht noch nicht einmal wirklich war.

Der Romanist Victor Klemperer, scharfsinniger und leidgeprüfter Beobachter zunächst des Sprachgebrauchs der Nationalsozialisten, dann auch des Sprachgebrauchs in der Sowjetischen Besatzungszone und später der DDR, hat in seinem Tagebuch am 31. März 1942 einige Sätze notiert, die nicht zufällig genau hierher passen:

Die Sprache bringt es an den Tag. Bisweilen will jemand durch Sprechen die Wahrheit verbergen. Aber die Sprache lügt nicht. Bisweilen will jemand die Wahrheit aussprechen. Aber die Sprache ist wahrer als er. Gegen die Wahrheit der Sprache gibt es kein Mittel. Ärztliche Forscher können eine Krankheit bekämpfen, sobald sie ihr Wesen erkannt haben. Philologen und Dichter erkennen das Wesen der Sprache; aber sie können die Sprache nicht daran hindern, die Wahrheit auszusagen.[2]

Das war von Klemperer auf die LTI, die *lingua tertii imperii*, die ›Sprache des Dritten Reiches‹, gemünzt. Richtig verstanden aber lässt es sich auf jede Sprache und jede Zeit anwenden. Auch hier, in der rituellen »Vatersprache« der DDR, kann die Wahrheit letztlich nicht verborgen werden. Die Sprache selbst bringt sie an den Tag: Die größten Bonsais, die größten Mikrochips der Welt – zu dumm, dass manchmal das Kleinste das Größte ist. Ob die Mächtigen so weit gedacht haben, so weit denken konnten? Manche Witze jedenfalls lassen erkennen, dass die Menschen in der DDR daran Zweifel hatten.

Die DDR war, das ist des Öfteren hervorgehoben worden, in den vierzig Jahren ihrer Existenz ein Land mit einer bedeutenden Witzkultur.[3] Der Witz, vor allem in Gestalt des Sprachwitzes, besaß vor den Geschehnissen von 1989 eine Art Ventilfunktion für weite Teile der Bevölkerung. Durch den Sprachwitz rieben sich die Menschen an der bestehenden Sprachrealität, dem öffentlichen Diskurs, mit seiner Hilfe stellten sie die Sprachrealität und zugleich die hinter und in ihr stets vorhandene Ideologie in Frage, entlarvten sie. Und, was wohl die wichtigste intendierte Wirkung ausmacht, die Kommunikationssituation ›Witze-Erzählen und Witze-Verstehen mit gemeinsamem Lachen über den Witz‹ schuf eine oppositionelle Solidarität, wobei der Witz zugleich eine Art Testfunktion dafür haben konnte, ob mit der Solidarität des Gegenüber zu rechnen war.

Nicht alle Witze, die in der DDR kursierten, waren reine Sprachwitze. Gleichwohl machten sie den Hauptteil aus. Vielleicht – aber so weit wollen wir die Interpretation gar nicht treiben – wäre sogar zu überlegen, ob letztlich nicht doch alle Witze in irgendeiner Weise durch Sprachliches bestimmt sind, ob ihre Pointen nicht stets durch eine sprachliche Prägung zu Stande kommen.

Der folgende Gang durch fünf Themenbereiche, denen die meisten der uns vorliegenden Witze zugeordnet werden können, wird zeigen, dass der Witz in der DDR stets Kritik übt an den real existierenden Verhältnissen, an der offiziellen Darstellung dieser Verhältnisse oder aber an den Personen und Institutionen, die diese Verhältnisse geschaffen haben und repräsentieren. Der Witz hat dabei eine bestimmte Funktion: Er übt diese Kritik, obwohl sie politisch, vom System her, gar nicht vorgesehen war, und er verbreitet diese Kritik, indem er weiter erzählt wird. Der politische Witz ist eine Form von Öffentlichkeit, genauer: eine Gegenöffentlichkeit, die offiziell überhaupt nicht existierte.

3.1 Witze über Partei und Staat

Die Partei und der Staat – zwei Größen, die in der DDR gar nicht zu trennen waren – mussten allein schon deshalb der häufigste Gegenstand von Witzen sein, weil sie an jeder Stelle präsent waren und das Leben der einzelnen Menschen bis weit hinein ins Private bestimmten. Kein Wunder also, dass sie in den Witzen heftig, aber subtil zugleich, angegriffen wurden.

Eines der wichtigsten Instrumente von Partei und Staatsführung, die Menschen zu politischem Denken und Handeln anzuhalten, war die Ausgabe von Losungen. Sie wurden vom Zentralkomitee der SED aufgestellt und jährlich zum 1. Mai, dem ›Tag der Arbeit‹, in den Medien und Betrieben sowie an stark frequentierten Orten in Form von Spruchbändern verkündet. In der Regel wurden alle gesellschaftlichen Gruppen mit einer bestimmten, auf sie zugeschnittenen Losung bedacht. Die Leipziger Sprachwissenschaftlerin Ulla Fix hat die Funktion von Losungen und ihre sprachliche Gestalt folgendermaßen beschrieben:

In der Kommunikationsgeschichte der DDR sind Losungen öffentliche Aufrufe mit der dominierenden Sprachhandlung AUFFORDERN. Ihr Inhalt ist politischer Art. Es handelt sich in der Regel um Ein-Satz-Texte, in wenigen Fällen auch um kurze Mehr-Satz-Texte, oft elliptisch realisiert. Satzzeichen wie Gedankenstriche, Ausrufezeichen spielen eine wichtige Rolle für die ›Spruchband-Syntax‹ dieser Texte [...].[4]

Ernst Röhl zitiert einige »Losungen aus den Jahren des schweren Anfangs«.[5] Sie sind ihm wieder einmal Beleg dafür, dass die offizielle Sprache in der DDR sich teilweise selbst ad absurdum geführt und unfreiwillig Witze geschaffen hat:

Jeder Schaffende ein Schwimmer, jeder Schwimmer ein Retter! (1949)
Frauen und Mädchen, ran im Wettbewerb von Mann zu Mann! (1952)
Jeder Bauer deckt eine Sau mehr! (1955)
Unsere Dahlienschau – ein wuchtiger Schlag gegen die Kriegsbrandstifter! (1955)
Einzelschafhalter! Schließt euch zu genossenschaftlichen Herden zusammen! (1956)

In bestimmten Kontexten konnten Losungen einen dubiosen Hintersinn erhalten und den Witz noch verstärken. Ernst Röhl mag bei seinen Beispielen etwas nachgeholfen haben, aber prinzipiell war es schon möglich, dass an einer Kaserne stand: »Stärkt die Glieder der Nationalen Volksarmee!«, an einem Gefängnis: »Heraus zu neuen Taten!«, an der Friedhofsmauer: »Alles heraus zum Ersten Mai!« oder an der Schnapsfabrik: »Alles zum Wohle des Volkes!«

Die offiziellen Losungen propagierten eine bestimmte Sichtweise der Wirklichkeit und forderten zu einem bestimmten Handeln auf.

Wenn zum 1. Mai 1989 beispielsweise eine der Losungen »Für das weitere Aufblühen unserer Städte und Gemeinden – am 7. Mai unsere Stimme den Kandidaten der Nationalen Front« lautete, dann wurde damit ja behauptet, dass die Städte und Gemeinden bereits ›aufgeblüht‹ seien und dass sie durch die Wahl der Kandidaten der Nationalen Front noch weiter aufblühen werden. Gewünschte Zustände wurden als bereits erreicht behauptet und zugleich wurde zu einem ›Noch-mehr‹, ›Noch-besser‹ aufgefordert.

Nicht selten wurden solche offiziellen Losungen parodiert. Ihre Form wurde nachgeahmt, zugleich aber ein anderes Bild der Wirklichkeit gezeichnet. Im März 1988 kursierten folgenden ›Gegenlosungen‹:

Die Bauarbeiter demonstrieren unter der Losung: Ruinen schaffen ohne Waffen!

Die Verkehrsbetriebe demonstrieren unter der Losung: Bei uns läuft es gut: Bald laufen auch Sie!

Die DDR-Staatssicherheit marschiert unter der Losung: Kommen Sie zu uns – bevor wir zu Ihnen kommen!

Während hier – aus der Sicht des Volkes, der Betroffenen – die eigentlichen, wirklichen Tätigkeiten der Bauarbeiter, der Verkehrsbetriebe und der Stasi beschrieben werden, zeichnen die folgenden Gegenlosungen eher selbstironisch das Leben im real existierenden Sozialismus nach:

Losungen der guten sozialistischen Arbeit:

Wir wissen zwar nicht, was wir wollen, aber das mit ganzer Kraft!

Wo wir sind, klappt nichts! – Und: Wir sind überall.

Wir kennen zwar den Plan nicht, aber wir schaffen das Doppelte!

Wo wir sind, ist vorn! Wenn wir hinten sind, ist hinten vorn.

Wer viel arbeitet, macht viele Fehler. Wer nicht arbeitet, macht keine Fehler! Wer keine Fehler macht, wird prämiert und befördert!

Keiner ist unnütz – er kann immer noch als schlechtes Beispiel dienen!

Wir sind zu allem fähig, aber zu nichts zu gebrauchen.

Jeder wird solange befördert, bis er unwirksam wird.

So wie wir heute leben, haben wir noch nie gearbeitet.

Sehr beliebt und ebenfalls noch in den Bereich von Losungen und Gegenlosungen fallend waren Aussprüche nach dem Muster »Lieber X als Y«. Sie zeigen Alternativen auf, allerdings eher bescheidene und oft solche, bei denen einem ›das Lachen im Halse stecken bleibt‹:

Lieber für Honecker stehen, als bei Mielke sitzen.
Lieber von Sitte gemalt, als vom Sozialismus gezeichnet.
Lieber schlank weg in den Westen als dicke da im Osten.
Lieber die Welt anschauen dürfen, als eine Weltanschauung haben müssen.
Lieber im Westen Trübsal blasen, als im Sozialismus flöten gehen.
Lieber kariert in Schottland, als gestreift in Bautzen.

Gerade an diesen Losungen, in denen bis zu einem gewissen Grade auch Wünsche – Wünsche für ein anderes Leben innerhalb der DDR, Wünsche vor allem aber nach einem Leben außerhalb der DDR – zum Ausdruck kommen, wird sehr deutlich, wie der ›Witz‹ mit Hilfe der Sprache und ihren Möglichkeiten und unterschiedlichen Bedeutungsebenen zustande gebracht wird. Stets sind es zunächst sprachlich gegebene Alternativen, die auf der Oberfläche der Losungen angesprochen werden: »stehen« und »sitzen«, »gemalt« und »gezeichnet«, »schlank weg« und »dicke da«, »die Welt anschauen« und »Weltanschauung«, »blasen« und »flöten«, »kariert‹ und »gestreift«. Durch die Gegenüberstellung aber und durch den jeweiligen Kontext wird auf der tieferen Sinnebene eine andere, ebenfalls vorhandene Bedeutung eines dieser Wörter aktualisiert. Die Losungen erzeugen den Witz dadurch, dass sie mit einer Bedeutungsvariante des Wortes spielen, eines Wortes, das ausdrucksseitig gleich lautet, homonym ist: »sitzen« im Sinne von ›im Gefängnis sein‹, »flöten gehen« im Sinne von ›verloren gehen‹ oder »gestreift« im Sinne von ›einen Sträflingsanzug anhaben‹.

Subtiler noch wird der Witz in der Gegenüberstellung von »Weltanschauung« und »die Welt anschauen« erzeugt. Das Wort »Weltanschauung« wird hier nicht in seinem abstrakten Sinn genommen, als ›Überzeugung‹, die in der DDR in Gestalt der »sozialistischen Weltanschauung« gar bekenntnishaften Charakter besaß, sondern es wird ein konkreter Sinn aktualisiert. Diese Konkretion ist radikal gemeint. Von den beiden Möglichkeiten, »Weltanschauung« zu konkretisieren, nämlich ›wie man die Welt anschaut‹ und ›dass man die Welt (überhaupt) anschaut‹, ist hier die Letztere gemeint. Die Kritik an den Verhältnissen in der DDR könnte kaum deutlicher ausfallen: Die formelhafte Verwendung von »Weltanschauung«, im öffentlichen Sprachgebrauch der DDR bereits eine Leerformel, wird entlarvt, indem die ursprüngliche Bedeutung des Wortes bewusst gemacht und mit der abstrakten, ideologischen Bedeutung des Wortes konfrontiert wird. Verstärkt wird diese Aussage zusätzlich dadurch, dass »die Welt anschauen« mit dem Verb »dürfen«, »Weltanschauung« dagegen mit »müssen« verknüpft ist. Damit wird die in dieser Losung ausgedrückte Alternative zusätzlich mit der Vorstellung von ›Freiheit‹ einerseits und ›Zwang‹ andererseits untermauert.

Nicht immer jedoch mündeten derartige Losung in Wünschen oder Forderungen. Oftmals drückten sie auch Resignation aus wie in der folgenden:

> Lieber ein Brett vorm Kopf, als sich das Elend länger mit ansehen.

Wenden wir uns nun Witzen im eigentlichen Sinne, als Texten mit Erzählcharakter, zu. Das folgende Beispiel halten wir für ein Glanzstück des politischen Sprachwitzes. Es sei deshalb auch ausführlicher erläutert:

> Ein Mann geht in Ostberlin gesenkten Hauptes durch die Straßen und murmelt immer wieder vor sich hin: »Scheiß-Staat, Scheiß-Staat.« Ein Polizist hört das: »Was haben Sie da eben gesagt?« – »Scheiß-Staat.« – »Aha, dann kommen Sie doch mal mit!« – »Ja, aber wieso denn, ich habe doch gar nicht gesagt, welchen Staat ich meine.« – »Mhm«, erwidert der Polizist, »stimmt. Also gut, Sie können gehen.« Der Mann geht ein paar Schritte, da ruft ihn der Polizist zurück: »Sie kommen doch mit, ich hab's mir überlegt: Es gibt nur einen Scheiß-Staat.«

Der Witz funktioniert auf verschiedenen sprachlichen Ebenen. Die erste Ebene ist, dass dem Prädikat »Scheiß-Staat« kein Referenzobjekt, kein Gegenstand, auf den sich das Prädikat bezieht, zugeordnet wird. Auf einer zweiten Ebene wird allerdings die nicht explizit ausgesprochene Voraussetzung gemacht, dass das Referenzobjekt die DDR sein muss. Diese Voraussetzung wird durch die Reaktion des Polizisten, der den Mann mitnehmen, verhaften will, indirekt bestätigt. Wenn aber die DDR das Referenzobjekt für das Prädikat »Scheiß-Staat« ist, dann liegt eine Verletzung der Gebrauchsregeln für das sprachliche Zeichen ›DDR‹ vor: das durchweg positiv konnotierte Zeichen wird mit einem negativen Prädikat belegt, ein Urteil, das in der offiziellen Sprachrealität der DDR nicht vorgesehen, ja strafbar war. Da dieses Urteil aber nicht explizit ausgesprochen wird, also das Referenzobjekt nicht genannt wird, muss das Sprachverhalten des Mannes auf der Straße zunächst ohne Folgen bleiben.

Bis hierher hat die Hörerin oder der Hörer dieses Witzes vielleicht gelächelt, weil sie oder er für sich die fehlende Verbindung schon hergestellt hat, ja herstellen musste. Lachen wird der Zuhörer aber vermutlich erst zum Schluss, bei der eigentlichen Pointe. Es ist der Polizist, der Vertreter des Staates und damit der Sprachrealität, der nun keinen Zweifel mehr daran lässt, welches Referenzobjekt gemeint ist: »Es gibt nur *einen* Scheiß-Staat«. Diese Aussage legt die Menge möglicher Referenzobjekte auf ein Element fest, das nur die DDR sein kann, denn der Polizist nimmt den Mann mit. Der Witz, der darin besteht, dass die nicht ausgesprochene, wohl aber stillschweigend vorausgesetzte Prädikation ›DDR = Scheiß-Staat‹ von dem Polizisten, also einem Vertreter des Staates, zwingend gemacht wird, so dass *er* eigentlich verhaften gehört, lässt sich durchweg als ein mit sprachlichen Mitteln erzeugter Witz interpretieren.

Dreierlei ist hier aus linguistischer Sicht festhaltenswert: Erstens die pragmatische Dimension, das Sprechhandeln mittels einer verschleierten Prädikation auf einer latenten Ebene und deren Entschleierung auf der manifesten Ebene durch die außersprachliche Handlung der Festnahme. Zweitens die semantische Dimension, die zwingend gemachte Zuordnung eines semantischen Merkmals zu dem sprachlichen Zeichen ›DDR‹, das in der Sprachrealität nicht vorgesehen ist. Drittens die intendierte Funktion der Textsorte ›Sprachwitz‹, nämlich die Absetzung des Witzeerzählers und Witzehörers von der Sprachrealität, indem bestimmten Schlüssel- oder Reizwörtern der Sprachrealität – hier dem Ausdruck ›DDR‹ – ein neuer, gegen die Sprachrealität gewandter Sinn beigelegt wird. Welche entscheidende Rolle hierbei der Sprachrealität als Ausdruck gesellschaftlicher Verhältnisse zukommt, ist leicht ersichtlich daran, dass dieser Witz in der Bundesrepublik nicht funktionieren würde – allein schon deshalb, weil dort der in dem Witz dargestellte Kommunikationsablauf überhaupt nicht realistisch ist, von dessen Folgen ganz zu schweigen.

Im Folgenden wollen wir die Interpretation der Witze nicht mehr so ausführlich betreiben. Kleinere Kommentare, kurze Hinweise auf sprachliche Mechanismen oder Bemerkungen zur Einordnung der Witze mögen genügen, manche Witze lassen wir bewusst unkommentiert. Wie schon betont, wirken Witze eigentlich nur dann, wenn man sie hört, sie – besser mündlich als, wie hier, schriftlich – erzählt bekommt. Entweder man versteht die Pointe und lacht, oder aber man versteht sie nicht, dann kann man, wenn überhaupt, höchstens aus Höflichkeit lachen – was beim Lesen eines Buches aber nicht nötig ist. Bekommt man die Pointe erklärt, dann ist sie schon vorbei. Enttäuschung, Frustration, Langeweile stellen sich ein. Genau das aber möchten wir vermeiden.

Die formelhafte Sprache in der DDR bot nicht nur bereits in manchen offiziellen Losungen und auch in den Gegenlosungen Stoff für politische Witze. Manchmal genügte es, eine Formel in einen bestimmten Kontext zu stellen, und sie entlarvte sich selbst:

Ein Festredner kommt vor die Konfliktkommission. Er hatte in seiner Ansprache zum 20. Jahrestag der DDR gesagt: »Im Jahre 1945 standen wir vor einem tiefen Abgrund.« Und er fuhr fort: »Heute haben wir einen großen Schritt nach vorn getan.«

Noch ein anderer Festredner ist in Berlin eingesperrt worden. Er hatte seine Ansprache mit den Worten beendet: »Es lebe der Fernsehturm und der Genosse Walter Ulbricht an der Spitze.«

10. Jahrestag der DDR. Am volkseigenen Zirkus wird ein Plakat angebracht: »10 Jahre DDR.« Über Nacht wird ein zweites befestigt: »10 Jahre Zirkus.«

Auch der folgende Witz hat die offizielle formelhafte Sprache zum Hintergrund:

»Genossinnen und Genossen! Somit fordern wir für ganz Deutschland die Befreiung von Kapitalismus, Imperialismus, Monopolismus und Faschis-

mus!« – ruft der Redner auf einer Massenkundgebung pathetisch von der
Tribüne herab. Darauf ruft ein Zuhörer von unten hinauf: »Ach Genosse,
sei so gut und nimm ooch meinen verdammten Rheumatismus mit in dei-
ne Forderungen auf!«

Eine eindeutige Interpretation dürfte es nicht geben. Möglicherwei-
se versteht der Zuhörer die ganzen »-ismen« lediglich negativ, ohne
ihnen eine spezifisch politische Bedeutung zuweisen zu können, sodass für ihn auch der ihm lästige »Rheumatismus« dazugehört, vielleicht aber macht sich der Zuhörer auch nur lustig über die Aufzäh-
lung, die alles Konkrete vermissen lässt. Als Hörer des Witzes kann
man sich aber auf jeden Fall amüsieren, denn die abstrakte Formel-
sprache wird lächerlich gemacht.

Zwischen dem offiziellen Eindruck, den man in der DDR als ›gu-
ter Sozialist‹ erwecken musste, und den tatsächlichen Einstellungen
der Menschen klaffte oftmals eine große Lücke. Besonders dann,
wenn selbst Parteigenossen nicht gegen Versuchungen gefeit sind,
können gute Witze entstehen:

Ein überzeugter Genosse stürzt mit dem Flugzeug ab. Mitten im freien Fall
erscheint der Teufel und macht ihm folgendes Angebot: »Sag ›Scheiß-So-
zialismus‹ – und ich rette dich!« – »Niemals!«, wehrt der Fallende mutig
ab. Einige Sekunden später erscheint der Teufel wieder: »Sag ›Scheiß-So-
zialismus‹ – und ich rette dich!« – »Niemals, das wäre für mich Verrat!« –
Kurz vor dem Aufprall auf die Erde erscheint der Teufel nochmals und
hält ihm sein Ohr hin. Der Genosse überwindet sich in seiner Todesangst
und ruft »Scheiß-Sozialismus!« In dem Moment bekommt er von seinem
Nachbarn einen Stoß in die Seite: »Wenn du schon in der Parteiversamm-
lung pennst, dann halte wenigstens die Klappe!«

Der Witz erhält seine Brisanz gar nicht so sehr aufgrund des Um-
standes, dass der Parteigenosse schließlich doch die Gesellschaftsordnung der DDR verleugnet, denn auch ihm ist ja das Hemd näher
als die Jacke. Die Brisanz kommt dadurch zustande, dass der Genosse in einer Parteiversammlung schläft und dann sogar noch einen unbewussten und deshalb gerade besonders wahren ›Ver-
suchungstraum‹ träumt, dem er erliegt: »Scheiß-Sozialismus« –
wenn das ein Parteigenosse unbeabsichtigt in einer Parteiversammlung sagt, dann kommt Schadenfreude auf.

Der folgende ›Witz‹ ist eigentlich gar keine Erzählung. Das Ereignis hat sich vielmehr tatsächlich so zugetragen – vermutlich nicht nur einmal:

Ein Mann überquert in Weimar trotz roter Ampel die Straße auf einem Fußgängerüberweg. Ein anderer Mann kommt ihm entgegen, ebenfalls gegen die Verkehrsvorschriften verstoßend. Als beide auf gleicher Höhe sind, sagt dieser zu dem Ersteren: »Na, Sie können wohl auch kein ›Rot‹ sehen.«

Dieser Witz, sofern man ihn als einen solchen bezeichnen möchte, besteht aus nur einem Sprechakt. Er funktioniert am wirkungsvollsten, wenn die beschriebene Situation als außersprachlicher Kontext vorhanden ist. Linguistisch gesehen liegt hier eine Neubestimmung des Signifikanten »Rot« vor. Der Kontext legt die vordergründige Bedeutung ›rote Ampel‹ nahe – eine Bedeutung, auf die sich der Sprecher im Konfliktfall auch immer zurückziehen könnte. Zugleich aber kann unter Beibehaltung des Signifikanten »Rot« das Signifikat von ›roter Ampel‹ auf ›kommunistische Gesinnung‹ verschoben werden. Die Mehrdeutigkeit von »Rot« macht es möglich, einer harmlosen Aussage und einem harmlosen Verhalten, das höchstens eine Verkehrswidrigkeit bedeutet, einen subversiven politischen Sinn zu geben. Hinzu kommt eine Mehrdeutigkeit von »sehen«, das einmal in seiner Grundbedeutung ›visuell wahrnehmen‹ aktualisiert wird, dann aber auch in der übertragenen Bedeutung ›etwas nicht mehr sehen können‹, also ›etwas nicht mehr ertragen können und sich deshalb abwenden‹. Es ist eine wunderbar verschleierte Aussage, die in ihrem Kontext auf den ersten Blick zunächst überhaupt keinen politischen Gehalt zu haben scheint, bei näherem Hinhören aber eine grundlegende Kritik am System darstellt und darüber hinaus auch einen Solidarisierungseffekt mit dem Angesprochenen enthält. Auch andere Witze über die Partei und den Staat spielen mit der Doppeldeutigkeit oder dem Gleichklang von Wörtern:

Wie viele Meere sieht man vom Berliner Fernsehturm aus? Vier: Oben ein Wolkenmeer, unten ein Häusermeer, im Westen ein Lichtermeer, im Osten gar nichts meer.

Wer ist der beste Elektriker? Ulbricht: Er hat es in unglaublich kurzer Zeit fertig gebracht, die ganze DDR zu isolieren.

Von der Mauer soll bald sämtliche Minentechnik abgezogen werden. Dafür werden Pilze angesät. Warum das? Antwort: Die schießen von alleine. Es gab auch folgende Variante: An der Mauer werden die Grenztruppen abgezogen. Stattdessen wird Salat gepflanzt: Der schießt von allein.

Warum sind die DDR-Bürger nach dem Republikgeburtstag immer so müde? Weil es seit der Staatsgründung im Jahr 1949 immer nur bergauf ging.

Die DDR ist das fortschrittlichste Land der Welt. Die Sowjets und die Amerikaner sind zwar auf dem Mond gelandet, aber die DDR lebt schon seit ihrer Gründung 1949 hinter dem Mond.

Die DDR wurde auf manch witzige Art charakterisiert. Fast immer griff man zur Erzeugung der Pointe auf Sprachliches zurück. Inhaltlich vermittelte der Witz stets eine Korrektur jenes Bildes, das offiziell von der Führung der DDR propagiert worden war:

Zu Ehren des 30. Jahrestages der DDR wird ein neues Schuhmodell erfunden: Die hohen Absätze sind aber nicht hinten, sondern vorne angebracht. Damit man denkt, es geht bergauf.

Fritz schreibt im Staatsbürgerkundeunterricht einen Aufsatz: »Früher ging es uns gut. Im Sozialismus geht es uns noch besser. Ich bin trotzdem der Meinung, dass es am besten wäre, wenn es uns wieder gut ginge.«

Wie kann man erklären, dass in Westberlin Smogalarm ausgelöst wird, im benachbarten Potsdam aber nicht? Die DDR hat eben dichte Grenzen.

Ein wichtiges Thema, dem immer wieder politische Witze gewidmet wurden, war die Meinungsfreiheit, waren überhaupt die politischen Freiheiten in der DDR. Ein Witz besagte, dass das Nationalgericht der DDR »Gedämpfte Zunge« sei, ein anderer, dass im Jahre 2014 alle DDR-Bürger in den Westen reisen dürften. »Warum gerade im Jahre 2014? – Antwort: Weil dann die DDR fünfundsechzig Jahre alt wird.« Ganz so lange hat es mit den Reisemöglichkeiten – zum Glück – nicht gedauert, aber bis 1989 war es die Regel, dass Reisen in die Bundesrepublik oder, wie es offiziell hieß, ins »kapitalistische Ausland«, erst ab dem Rentenalter möglich waren. Die folgenden drei Witze spielen die Möglichkeiten von »frei« und »Freiheit« durch:

Ein Fluggast kommt gerade auf dem Flughafen Schönefeld an und fragt einen Taxifahrer: »Sind Sie frei?« Der Taxifahrer schaut verwundert auf den Fluggast: »Nein, ich bin DDR-Bürger, das sehen Sie doch!«

Ein Gast liest in einem sächsischen Restaurant die dargereichte Speisekarte. Als der Ober die Bestellung aufnehmen will, sagt der Gast: »Das erinnert mich sehr an unsere demokratischen Freiheiten!« – »Wieso?« fragt der Ober erstaunt. »Ist doch ganz klar: Hier auf der Speisekarte ist auch alles gestrichen.«

Dürfen wir in der DDR frei und offen sagen, was wir denken? Selbstverständlich, aber natürlich dürfen wir niemals etwas denken, was wir nicht frei und offen sagen dürfen.

Der letzte Witz zeigt subtil auf, wie man die Möglichkeiten und Grenzen der Meinungsfreiheit einschätzte: Natürlich darf man sagen, was man denkt, aber man darf selbstverständlich nicht denken, was man nicht sagen darf. Das ist ein klassischer Witz, der in jeder Diktatur seine Berechtigung hat. Dazu passt auch der folgende Witz über das angebrachte Verhalten, wenn man in der Partei etwas werden möchte:

Eine Schnecke und eine Ziege bewarben sich um einen Funktionärsposten in der SED. Die Schnecke gewann. Belehrend meinte sie zur Ziege: »Merke: weniger meckern, mehr kriechen!«

Überhaupt musste das Bild der SED durch den politischen Witz nicht selten zurechtgerückt werden. Ein Witz, der wiederum sehr feinsinnig mit der Sprache umgeht und ihre Möglichkeiten ausschöpft, ist der folgende:

»Als die SED 1946 gegründet wurde«, erinnert sich ein alter Arbeiter, »versprach sie uns, gewaltige Taten zu vollbringen. Bisher hat sie aber nur Gewalttaten vollbracht.«

Eine leichte Verschiebung auf der Ausdrucksseite eines positiv besetzten Zeichens und aus den zu bewundernden »gewaltigen Taten« werden zu verachtende »Gewalttaten«. Dieser Witz hatte besonders nach den blutigen Ereignissen vom 17. Juni 1953 seine Berechtigung, wurde aber auch noch in den Jahren danach häufig erzählt. Seine Aussage ist vernichtend. Sie führt sehr deutlich vor Augen, was das Volk, insbesondere die in der sozialistischen Gesellschaft so wichtige »Arbeiterklasse«, von der Partei gehalten hat.

Die Distanz, ja die Ablehnung, die das Volk gegenüber dem Staat und seinen Vertretern empfand, brachten auch die folgenden Witze zum Ausdruck:

Was ist der Unterschied zwischen der DDR und dem 1912 im Nordatlantik untergegangenen britischen Ozeandampfer ›Titanic‹? Antwort: Es gibt keinen. Unten saufen die Leute ab, in der Mitte wird getanzt, oben weiß man wie üblich von nichts.

Honecker hält seine letzte Rede als Partei- und Staatschef. Euphorisch ruft er den Zuhörern zu: »Wer ist eure Mutter?« Die Antwort des Volkes: »Die Deutsche Demokratische Republik.« – »Und wer ist euer aller Vater?« Antwort: »Du, lieber Erich!« Honecker: »Und was wollt ihr werden?« Antwort: »Vollwaisen.«

Die DDR, wie die Titanic dem Untergang geweiht und genauso hierarchisch organisiert wie jenes Symbol kapitalistischer Wirtschaftskraft und Gesellschaftsordnung – beißender könnte die Charakterisierung und die Kritik kaum ausfallen. Auch in dem folgenden, recht bösartigen Vergleich distanziert sich das Volk von seinen ›Vertretern‹:

Welcher Unterschied besteht zwischen der Staatsführung der DDR und den Terroristen? Terroristen haben Sympathisanten.

Ganz konkret, in Form einer anschaulichen Erzählung, stellt der folgende Witz die Einschätzung vor Augen, dass der Staatsratsvorsitzende Erich Honecker der Einzige und »Letzte« wäre, der in der DDR verbleiben würde, wenn es ein Loch in der Mauer gäbe. Selbst seine Frau Margot wäre gegangen, und vermutlich wohl auch er – zumindest fordert ihn seine Frau indirekt dazu auf:

Erich Honecker kommt von einem Auslandsbesuch in seine geliebte DDR zurück. Schon aus dem Flugzeug sieht er, wie die Hauptstadt seines Landes hell erleuchtet ist. In Schönefeld gelandet, will er sich nach dem Grund der Festbeleuchtung erkundigen, er findet aber keinen einzigen Menschen vor. Als er dann am Brandenburger Tor vorbeifährt, sieht er ein Loch in der Mauer. Zu Hause angekommen, liegt ein Zettel auf dem Tisch, darauf steht: »Lieber Erich, Du bist der Letzte, mach bitte das Licht aus. Deine Margot.«

Immer wieder zeigt sich in den Witzen ein spielerischer und schöpferischer Umgang mit der Sprache. Den Unterschied zwischen »essen« und »genießen« kann man zum Beispiel auch so fassen:

Was ist der Unterschied zwischen Schweinen im Westen und im Osten? Im Westen werden sie gegessen, im Osten Genossen.

Die kommunistische Ideologie versprach den Menschen Großartiges. Offenbar ging aber kaum etwas in Erfüllung. Bereits die Kinder haben – jedenfalls in Witzen – das Blendwerk durchschaut und waren dabei sprachlich auf der Höhe:

»Fritzchen, nenne uns doch mal den Unterschied zwischen einem Märchen und dem Kommunismus«, fordert der Lehrer den Schüler auf. »Ja, was soll ich sagen, Herr Lehrer, ein Märchen fängt an mit ›Es war einmal‹, und der Kommunismus fängt an mit ›Es wird einmal‹.«

Nur Spechte fanden an der DDR etwas Positives, nämlich genug Futter:

Ein Specht aus Bayern verirrte sich über die innerdeutsche Grenze in Richtung DDR. Begeistert schreibt er nach wenigen Tagen an seine bayerischen Artgenossen: »Kommt mir nach, die DDR ist ein wunderbares Land! Überall ist der Wurm drin!«

Bei all den Witzen über die DDR, über die SED und die Ideologie des Sozialismus und Kommunismus blieb auch noch ein Stück Selbstkritik übrig. Sie kommt exemplarisch in folgenden Witzen zum Ausdruck, in denen zugleich aber auch ein resignativer Zug enthalten ist.

Zum 30. Jahrestag der DDR soll ein neues Wappen herausgegeben werden: »Dreißig Äpfel und eine Kerze!« Dreißig Jahre lang haben sie uns veräppelt, aber jetzt geht uns langsam ein Licht auf!

Worin besteht der Unterschied zwischen einem DDR-Bürger und einem Ei? Ein Ei kann man nur einmal in die Pfanne hauen.

Es genügt nicht, keine Ideen zu haben, man muss auch unfähig sein, sie umzusetzen.

Nur einer hatte zum Schluss, als die DDR bereits bedrohlich wackelte, noch eine Idee:

Kurz vor der Wende ist Erich Honecker mit einem Traktor in Berlin gesichtet worden. Er suchte noch Anhänger.

Viel geholfen hat diese Suche nicht mehr. Uns aber hilft sie, zum nächsten Komplex von Witzen überzuleiten, zur Charakterisierung der Repräsentanten des Staates, die, wie Honeckers Suche schon nahe legt, als nicht sonderlich intelligent eingeschätzt wurden.

3.2 Witze über Repräsentanten des Staates und seine Organe

Den Anfang soll ein Witz machen, von dem wir lange Zeit glaubten, dass er in der DDR erfunden wurde und speziell Honeckers geistiges und sprachliches Vermögen lächerlich machen sollte. Gehört haben wir ihn des Öfteren in folgender Fassung:

Erich Honecker kommt zum Staatsbesuch nach Bonn. Der damalige Bundeskanzler Helmut Schmidt will die steife Atmosphäre bei einem Emp-

fang etwas auflockern. Er sagt zu Graf Lambsdorff: »Ich will Ihnen mal ein Rätsel aufgeben: Es ist Ihre engste Familie, aber es ist nicht Ihr Vater, nicht Ihre Mutter, nicht Ihre Schwester, nicht Ihr Bruder. Wer ist das?« – »Ist doch klar«, antwortet Graf Lambsdorff, »das bin ich.« Honecker kommt zurück nach Ostberlin, trifft Erich Mielke, und sagt: »Ich will dir mal ein Rätsel aufgeben: Es ist deine engste Familie, aber es ist nicht dein Vater, nicht deine Mutter, nicht deine Schwester, nicht dein Bruder. Wer ist das?« – »Na, ist doch klar«, antwortet Mielke, »das bin ich.« – »Nee«, erwidert Honecker, »das ist Graf Lambsdorff.«

Der Witz bezieht seine Pointe aus einer sprachlichen Fehlinterpretation. Honecker vermag den Gebrauch des Personalpronomens »ich« nicht als situationsbedingt hinweisend, als ›deiktisch‹ zu interpretieren, sondern bezieht dieses Wort unabhängig von der Situation, in der es gebraucht wurde, auf eine Person, hier auf Graf Lambsdorff. Linguistisch gesprochen verwechselt er das ›Zeigfeld‹ und das ›Symbolfeld‹ der Sprache. Bereits in dieser Fassung wirkt der Witz recht gut. Doch es gibt noch verschiedene Fassungen, insbesondere eine, in der der Minister für Staatssicherheit, Erich Mielke, als genauso sprachlich unbedarft hingestellt wird und die darüber hinaus auch eine Erweiterung aufweist, die den Witz unverwechselbar in der DDR situiert:

Honecker ist zu Besuch in Bonn. »Sagen Sie mal Herr Bundeskanzler, Sie haben da eine ganze Reihe hervorragender Minister; wie machen Sie das bloß?« – »Das ist ganz einfach«, antwortet dieser, »ich mache einen Intelligenztest. Sehen Sie, da kommt Graf Lambsdorff. Herr Graf, kommen Sie doch mal bitte her. Ich habe eine Frage an Sie: Es ist nicht Ihr Bruder, es ist nicht Ihre Schwester, und doch ist es das Kind Ihrer Eltern. Wer ist das?« Graf Lambsdorff überlegt eine Weile, dann sagt er: »Das bin ich selbst.« – »Richtig!« sagt der Bundeskanzler. Zu Hause angekommen spricht Honecker Erich Mielke an: »Du, Erich, ich habe da eine Frage: Es ist nicht dein Bruder, es ist nicht deine Schwester, und doch ist es deiner Eltern Kind! Wer ist das?« – »Genosse Honecker, gib mir 24 Stunden Zeit, und dann habe ich die gesuchte Person!« Mielke geht ins Ministerium für Staatssicherheit und ruft seine Männer zusammen. »Es ist nicht mein Bruder, es ist nicht meine Schwester, und doch ist es meiner Eltern Kind! Wer ist das? In 24 Stunden will ich den Kerl haben! Wegtreten!« Eine um-

fangreiche Fahndung beginnt in der gesamten DDR, aber der Gesuchte wird nicht gefunden. Am nächsten Tag geht Mielke zu Honecker. »Genosse Honecker, wir haben die ganze DDR umgekrempelt, aber die gesuchte Person haben wir nicht gefunden!« – Darauf Honecker: »Mensch, Mielke, das ist doch ganz einfach. Das ist Graf Lambsdorff! ... Aber frag mich jetzt nicht weiter, warum.«

Interessanterweise gibt es diesen Witz nicht nur mit Erich Honecker als Hauptperson. Auch Helmut Kohl musste – natürlich ohne die Staatssicherheit – in der Bundesrepublik unter diesem Witz leiden. Erstaunlich aber ist, dass dieser Witz zunächst gar nicht auf Politiker gemünzt war, sondern im Offiziersmilieu Preußens mit der Witzfigur des Oberst von Zitzewitz seiner Ursprung hat.[6] Bestimmte Personen und ihr gesellschaftliches Umfeld oder gesellschaftliche Zustände überhaupt scheinen typisierbar zu sein. Dennoch ist es bemerkenswert, wie bestimmte Witze als Muster genommen und dann für die Beschreibung und Kritik der eigenen Zustände umgewandelt, verändert, an die eigenen ›Bedürfnisse‹ angepasst werden. Auch darin liegt ein schöpferisches Moment des politischen Witzes.

Die Repräsentanten der DDR waren schon von Beginn an Gegenstand und Opfer des politischen Witzes. Bereits über Walter Ulbricht kursierten so viele Witze, dass sich ein ganzes Buch füllen ließe. An Kritik lief alles bei ihm zusammen, was sich in den ersten Jahren der DDR aufgestaut hatte und entladen musste.

Wer war der größte Feldherr neuester Zeit? Walter Ulbricht. Er hat drei Millionen in die Flucht geschlagen und hielt sich 17 Millionen Gefangene.

Bei einem Staatsbesuch in China. Ulbricht und Mao Tse-tung unterhalten sich über Innenpolitik. »Und wie viele politische Feinde hast du hier in deiner Volksrepublik?«, fragt Ulbricht. »Es werden so ungefähr 17 Millionen sein«, antwortet Mao Tse-tung. »Ju! Das ist ungefähr so wie bei uns.«

Die gesamte Bevölkerung der DDR entweder als »Gefangene« oder als »politische Feinde« zu bezeichnen – das ist eine deutliche Einschätzung, die hier im Witz ihren Ausdruck findet. Ganz so war die Wirklichkeit nicht, dennoch stilisierte sich die Bevölkerung gern zur Opposition:

Ulbricht will vor seinem nächsten Geburtstag die Berliner Mauer abreißen lassen. Warum? Er möchte das Fest ohne Massengratulation im engsten Kreis begehen.

Walter Ulbricht hatte am 13. August 1961 die Mauer quer durch Berlin ziehen lassen. Recht freundlich, aber mit einem ausgeprägten Gefühl für die Sprache, kommentierte folgender Witz diesen folgenreichen Akt:

Kennedy, Chruschtschow, de Gaulle und Adenauer spielen Skat. Nach einer Stunde wird Adenauer müde und möchte aufhören. Darauf Nikita: »Sollen wir dem Ulbricht Bescheid sagen?« Darauf antwortet Kennedy: »Niki, das hat gar keinen Zweck. Der Ulbricht reizt nur bis dreizehn und dann mauert er!«

Auch auf Ulbrichts Intelligenz zielten viele Witze ab. Wiederum wird mit der Doppeldeutigkeit eines Wortes gespielt, hier mit »bagage«, das Ulbricht offenbar nur als Schimpfwort, in der Bedeutung von »Pack«, geläufig ist, nicht aber als französisches Wort für »Gepäck«:

Grotewohl, Pieck und Ulbricht überlegen, wie sie unerkannt aus Deutschland verschwinden können. Sie beschließen, sich zu verkleiden und falsche Bärte anzukleben. Sie fahren nach Paris. Nachdem der Zug in den Bahnhof eingefahren ist, ruft der Gepäckträger dienstbeflissen ins Abteilfenster: »Bagage, Bagage!« Darauf Ulbricht: »Da habt ersch. Schon sin mer erganntt!«

Das Verhältnis der Bevölkerung der DDR zum »großen Bruder Sowjetunion« war stets spannungsgeladen, was in Witzen über die wirtschaftliche Situation zum Ausdruck kommt und auch eigens zum Thema gemacht wird. Aber bereits über die Konfektionsgröße des DDR-Staatsratsvorsitzenden Ulbricht lassen sich die Relationen zwischen beiden Staaten klären:

Ulbricht kommt aus Moskau zurück. Im Funktionärsladen hat er sich einen neuen Anzug gekauft. Stolz führt er ihn Lotte vor. Aber, o Schreck – die Ärmel sind zu kurz, die Hosenbeine zu hoch, kurzum, alles ist zu

*knapp. Ulbricht steht verlegen vor dem Spiegel. Lotte: »Hab ich dir's nicht
schon immer gesagt – drüben in Moskau bist du ein paar Nummern klei-
ner!«*

Ulbricht wurde in der Bundesrepublik offen, in der DDR hinter vor-
gehaltener Hand – und im Witz – meist als »Spitzbart« tituliert. Der
folgende Witz spielt darauf an, hat aber vor allem die Korrektur der
offiziellen Interpretation des Wirtschaftssystems der DDR, nach der
alle Produktionsstätten im Besitz des Volkes – eben »volkseigene
Betriebe« – sind, zum Thema:

*Die Leuna-Werke bei Merseburg sind in Walter-Ulbricht-Werke umbe-
nannt worden. Ulbricht selbst hielt die Festrede: »Koleechen, das Werg ge-
härt ab heite mir und eich. Mir sin alle Besitzer und arbeeden alle fier uns
selber.« Als am nächsten Morgen der Arbeiterzug zur Frühschicht am Leu-
na-Werk hält, ruft der Fahrdienstleiter des Bahnhofes: »Hier Spitzbart-
hausen! Alle Fabrikbesitzer aussteigen!«*

Zu den ausgesprochen guten Witzen gehören jene, in denen eine
Aussage über die DDR oder ihre Repräsentanten den Repräsentanten selbst in den Mund gelegt wird, wenn also das System sich selbst
entlarvt. Oftmals geschieht – wie bereits des Öfteren betont – diese
Entlarvung mittels einer sehr subtilen Handhabung der Sprache,
insbesondere dann, wenn Abstraktes konkret gemacht wird. Hier ist
es der Lehrer, in der DDR immer ein getreuer Vertreter des Staates,
der den Witz – und die Kritik – produziert:

*Der Lehrer bittet im Deutschunterricht seine Schüler, Beispiele für einen
Trauerfall zu nennen. Herbert: »Ein Trauerfall wäre, wenn mir mein Fahrrad gestohlen würde.« – »Nein, das wäre ein Verlust«, entgegnet der Lehrer. Fritz: »Ein Trauerfall für mich wäre, wenn ich die Fensterscheibe unseres Nachbarn kaputt werfen würde.« – »Das wäre ein Schaden«, korrigiert
der Lehrer. Da meldet sich Anne: »Ein Trauerfall, Herr Lehrer, läge vor,
wenn unser Genosse Walter Ulbricht sterben würde.« – »Richtig«, lobt der
Lehrer, »das ist ein Trauerfall und kein Verlust und kein Schaden!«*

In die gleiche Kategorie gehört der in allen Diktaturen äußerst be-
liebte Witz über zwei Papageien, einen regimekritischen und einen

bibelfesten. Dieser Witz wurde bereits in der Nazi-Zeit mit der Gestapo erzählt, dann in den kommunistischen Staaten, schließlich in der folgenden Version auch in der DDR.

Herr Spitzner in Böhlen besitzt einen Papagei, der wundervoll auf die SED und deren Bonzen schimpfen kann. Sein Glanzstück: »Den Ulbricht soll der Teufel holen!« Natürlich erfährt das die Stasi, die eines Morgens bei ihm erscheinen will. Hals über Kopf packt Spitzner den Papagei, rennt damit zum Pfarrer, lässt ihn dort und leiht sich dessen Vogel aus. Am nächsten Morgen erscheint die Stasi. »Ihr Papagei kann fluchen?« – »Ja, manchmal schon.« – »Los, zeigen Sie uns, was er kann.« Spitzner spricht auf den Papagei ein, doch der bleibt stumm. Die Stasi-Leute vermuten dahinter einen Trick. Sie rufen deshalb abwechselnd: »Den Ulbricht soll der Teufel holen!« Der Vogel hört sich das eine Weile an. Schließlich antwortet er: »Der Herr erhöre Euer Flehen!«

Auch in dem folgenden Witz entlarvt sich das System selbst. Es zeigt sich, dass die Stasi recht genau über die politischen Einstellungen im Volk Bescheid wusste und nur die obersten ›Parteibonzen‹ – wie man glaubte – keine Ahnung hatten.

Kaum jemand in der DDR wagte, gegenüber Ulbricht aufzumucken. Um so überraschter war Ulbricht, als ihm die Stasi meldete, auf dem Alexanderplatz verteile jemand Flugblätter. Der Mann wurde auf Befehl Ulbrichts sofort verhaftet. Die Stasi meldete ihm, dass dieser Mann ein bekannter Staatsfeind sei. »Und was stand auf dem Zettel?«, wollte Ulbricht von dem Stasi-Offizier wissen. »Nichts, Genosse Staatsratsvorsitzender, die Flugblätter waren unbedruckt!« – »Was soll das?«, brüllte Ulbricht den Stasi-Mann an. Der richtete seine Augen auf Ulbricht: »Man muss die Flugblätter nicht unbedingt bedrucken, jeder weiß sowieso, worum es geht!«

So wie man seine Kritik erst gar nicht schreiben musste, um verdächtig zu sein, brauchte man sie auch nicht auszusprechen. Da alle ohnehin das Gleiche dachten, genügte schon der Hinweis darauf, dass man so dachte wie der andere und man wurde verhaftet – mit dem witzigen Schönheitsfehler allerdings, dass auf diese Weise offenbar wurde, was alle dachten:

Zwei DDR-Grenzsoldaten stehen auf Posten und starren in Richtung BRD. »Woran denkst du jetzt?« unterbricht der eine das Schweigen. »Daran, woran auch du denkst.« – »Dann muss ich dich jetzt verhaften!«

Auch wenn insbesondere den Angehörigen der Staatssicherheit im Witz oftmals eine gewisse Schläue, die sich allerdings gegen sie selbst wendet, zugesprochen wird, galten sie der Bevölkerung ansonsten nicht als besonders klug und ›gewitzt‹:

Sitzen zwei Kerle in einer Kneipe beim Bier. Sagt der eine: »Na wie sieht's aus? Soll ich dir mal den neuesten politischen Witz erzählen?« Der andere: »Das kannst du nicht machen, ich arbeite bei der Staatssicherheit.« Sagt der erste: »Macht doch nix. Ich erkläre ihn dir so lange, bis du ihn kapiert hast.«

Dafür gingen sie aber jedem Hinweis nach, sodass man sie mit ein wenig Geschick sogar für seine eigenen Zwecke, zum Beispiel zur Gartenarbeit, benutzen konnte:

»Liebe Omi im Westen! Vielen Dank für Dein schönes Paket mit den vielen Büchsen. Es ist alles gut angekommen. Habe alles gefunden und sofort im Garten vergraben, auch die Munition.« Zwei Wochen später: »So, liebe Omi, den ganzen Garten hat die Stasi umgegraben, jetzt kannst du mir auch die Blumenzwiebeln schicken!«

Das dankbarste Opfer des politischen Witzes über Repräsentanten des Staates war die Volkspolizei. Die »Vopos« galten geradezu als dumm, ungebildet, begriffsstutzig. Außerdem konnten sie nicht rechnen, was aber im Kreis der Kollegen nicht besonders auffiel:

Kommt ein Polizist nach Hause und hat einen großen Blumenstrauß mitgebracht. Seine Frau sagt: »Nanu, haben wir heute Hochzeitstag? Wofür die Blumen?« Erläutert er: »Wir mussten im Dienst heute ausrechnen, wie viel 6 × 9 ist.« Die Frau: »Und was hast du gesagt?« – »Ich habe 84 herausbekommen.« Die Frau: »Das stimmt aber doch hinten und vorne nicht.« Er: »Das tat nichts zur Sache. Ich war nämlich von allen am nächsten dran.«

Zwei Volkspolizisten wollen unbedingt zur Wasserschutz-Polizei versetzt werden. Sie weihen ihren Vorgesetzten ein, und der gibt zu bedenken: »Genossen, das ist aber nicht so ganz leicht. Die stellen hohe Anforderungen,

als Erstes müsst ihr eine schwierige Aufnahmeprüfung bestehen.« – »Das
werden wir schon schaffen«, sagen die beiden. Sie bewerben sich und wer-
den von einer Kommission geprüft, deren Vorsitzender ihnen folgende Fra-
ge stellt: »Was passiert mit Wasser, wenn man es auf hundert Grad er-
hitzt?« Die Kandidaten blicken sich fassungslos an, schütteln die Köpfe,
schweigen betreten. »Na gut«, sagt der Vorsitzende, »dann eine zweite Fra-
ge: Was passiert mit Wasser unter null Grad?« Schweigen, Ratlosigkeit,
keine Antwort. Da entlässt die Kommission die beiden Bewerber mit dem
Hinweis, sie kämen für die Wasserschutz-Polizei der DDR leider nicht in
Frage. Niedergeschlagen melden sie sich beim Offizier der Volkspolizei zu-
rück und beichten ihm ihre Niederlage. »Welche Fragen haben die euch
denn gestellt?« will der Vorgesetzte wissen. »Was passiert mit Wasser un-
ter null Grad?« – »Hm, hätt' ich auch nicht gewusst. Und was noch?« –
»Was passiert mit Wasser über hundert Grad?« – »Über hundert Grad?
Seltsame Frage. Also wenn die gesagt hätten, was geschieht mit Wasser
bei neunzig Grad, hätte ich ganz locker geantwortet: Da fließt es im rech-
ten Winkel ab ...«

Der folgende Witz ist auch aus anderen Staaten des sogenannten
Ostblocks überliefert, denn er eignet sich aufgrund seines Spiels mit
Fremdsprachen und der Ignoranz jener, die sie nicht verstehen, sehr
gut für eine Übertragung:

Zwei Volkspolizisten laufen Streife auf dem Alexanderplatz. Kommt ein
PKW mit ausländischem Nummernschild näher und die Insassen fragen:
»Excuse me, how can we drive to Karlshorst?« Die zwei Volkspolizisten
schauen sich an, zucken mit den Schultern, verstehen nur Bahnhof. Da
versuchen es die Ausländer, um sich verständlich zu machen, mit einer
anderen Sprache: »Iswintje, poschaluista, kak dojechatch do Karlshors-
ta?« Wieder verstehen die beiden Volkspolizisten kein Wort. Nun ver-
suchen es die Ausländer noch in Spanisch, aber ohne Erfolg. Sie fahren
enttäuscht von dannen. Sagt der eine Volkspolizist traurig: »Fremdspra-
chen müsste man können.« Meint der andere: »Wozu denn? Die konnten
drei. Und was hat es ihnen gebracht?«

Die Weltfremdheit der Vopos konnte im Witz aber auch nahezu gro-
teske Züge annehmen. Hier wird allerdings bereits die Ebene des
politischen Witzes verlassen und die Nähe des Nonsens-Witzes er-

reicht. Statt der Volkspolizisten könnten hier auch Angehörige anderer Personengruppen agieren:

Bürger beobachten, wie ein Volkspolizist auf einer Verkehrsinsel auf dem Berliner Alexanderplatz steht und eine Angel auswirft, dann ranzieht, aber es ist nichts am Haken. Dann wirft er sie wieder weit über den Asphalt, zieht sie wieder ran. Ein Passant geht zum Vorgesetzten und sagt: »Hören Sie mal, das geht doch nicht, dass der Volkspolizist auf dem Asphalt des Alexanderplatzes angelt?« Der Vorgesetzte sieht der Prozedur seines Untergebenen eine Weile zu, dann meint er streng: »Eine Weile schau ich mir das noch mit an, dann schwimme ich mal hinüber.«

Zwei Volkspolizisten sitzen im Kino. Es kommt eine Filmszene, in der der Filmheld über einen breiten Graben zu springen hat. Sagt der eine Polizist zum anderen: »Wollen wir wetten? Der schafft das und springt drüber!« Meint der andere: »Über solch einen breiten Graben? Ich sage, er schafft das nicht!« Die beiden schließen die Wette ab. Der Filmheld nimmt Anlauf zu einem Riesensatz, aber er landet mitten in der Pampe. Sagt der Zweite: »Das habe ich doch gleich gewusst. Wie konntest du nur denken, dass er es schafft?« Sagt der Erste: »Ich will ehrlich sein. Ich habe den Film schon mal gesehen. Und ich dachte mir: Diesmal wird er es vielleicht packen!«

Zum Schluss ein ebenfalls oft kopierter Witz, der vermutlich dennoch niemals an Kraft verlieren wird und auch beim mehrmaligen Hören immer noch zum Lachen anregt:

Welche Bedeutung haben die drei Streifen auf den Achselklappen der Volkspolizisten-Uniform? – Ein Streifen: Er kann schreiben. Zwei Streifen: Er kann lesen. Drei Streifen: Er kennt einen, der lesen und schreiben kann.

Das Folgende passt zu diesem Witz, ist selbst aber gar kein Witz im Sinne eines Textes, einer Erzählung. Während einer Diskussion im privaten Kreis zu DDR-Zeiten kommentierte jemand die Tatsache, dass man bestimmte Leute auch ohne Parteizugehörigkeit in Führungspositionen beließ, mit der Bemerkung: »Man braucht eben auch Leute mit Köpfchen und nicht nur solche, die auf der linken

Seite drei Gramm schwerer sind.« Drei Gramm soll das Parteiabzeichen der SED gewogen haben.

Auch die Witze über die Repräsentanten des Staates und seine Organe arbeiten überwiegend mit sprachlichen Mitteln. Zwei Haupttendenzen sind dabei auszumachen: Zum einen werden die sprachlichen Fähigkeiten der Staatsvertreter in Frage gestellt und lächerlich gemacht, zum anderen werden im Witz die Staatsvertreter mittels Sprache charakterisiert und entlarvt. In jedem Fall korrigiert der Witz einen offiziellen *Schein*, indem er ein anderes *Sein* dagegenstellt. Der Schein wird durch eine ideologisch untermauerte und überhöhte Sprache aufgebaut, die Gegenkonstruktion des Seins bedient sich einer entideologisierten Alltagssprache. Man wird, von einem rein sprachlichen Standpunkt aus, nicht behaupten können, dass die eine Sichtweise, die eine Konstruktion der Wirklichkeit, ›wahrer‹ als die andere ist, aber es könnte doch so sein, dass die eine besser ›passt‹ als die andere. Deutlich machen das jene Witze, in denen es um die notorische Unterversorgung der DDR mit Waren geht, um die wirtschaftliche Situation also, denn dort sind die Zustände besser zu objektivieren als im Bereich der Einschätzung von Ideologien und Politikern.

3.3 Witze über die wirtschaftliche Situation

Was ist, so ließe sich einleitend fragen, der Unterschied zwischen den beiden Wirtschaftsformen im Westen und im Osten, zwischen Kapitalismus und Sozialismus. Der DDR-Witz gibt darauf folgende Antwort: »Der Kapitalismus macht soziale Fehler, der Sozialismus macht kapitale Fehler.« Das ist ebenso eine interessante, nachdenkenswerte Beschreibung wie auch ein exzellenter Sprachwitz – ja, vielleicht könnte man aufgrund der Kürze und des intellektuellen Niveaus bereits von einem Aphorismus sprechen. »Kapitalismus« wird mit einem Wortbestandteil aus »Sozialismus« erläutert und umgekehrt, beides in Verbindung mit einem Mangel, einem »Fehler«. Auf den ersten Blick sieht es so aus, als würde den beiden Wirtschaftsformen das fehlen, was die jeweils andere gerade hat. Nur, dieser erste Eindruck täuscht, denn die beiden Bestimmungen sind nicht auf der gleichen Ebene angesiedelt, die Adjektive »sozial« und »kapital« gehören nicht dem gleichen Wortfeld an. Dem Kapitalismus »soziale Fehler« zuzuschreiben, ist eine sachliche und auch berechtigte Kritik, dem Sozialismus allerdings »kapitale Fehler« zu bescheinigen, ist vernichtend. Der Witz vermittelt somit nicht die Erkenntnis, dass es eine Alternative zwischen beiden Wirtschaftsformen gibt, sondern dass die eine, der Sozialismus, indiskutabel ist, die andere, der Kapitalismus, aber kritisiert werden muss. Ein dritter Weg wird nahe gelegt, eine sozial geprägte Wirtschaftsform, in der »kapitale« Fehler vermieden werden.

Offiziell jedoch wurde die Auffassung verbreitet, dass die DDR zu den führenden Wirtschaftsnationen der Welt gehöre. Dieses Bild wurde in einem Witz wunderbar ad absurdum geführt, indem wieder einmal auf die formelhafte offizielle Sprache (»unsere DDR«) zurückgegriffen und zusätzlich Sprachliches zum – unsinnigen – Beweis für Sachliches genommen wurde:

Anfrage an die Leipziger Volkszeitung: »Woran erkennt man die drei bedeutendsten Wirtschaftsmächte der Welt?« Antwort des Chefredakteurs: »Daran, dass sie alle mit ›U‹ anfangen: UdSSR, USA, Unsere DDR.«

Die meisten Witze über die wirtschaftliche Situation in der DDR suchten die im täglichen Leben empfundenen Mängel zu beschreiben und mit Witz zu verarbeiten. Oftmals war es wieder die Unwissenheit der Mächtigen, ihre Ignoranz gegenüber den tatsächlichen Verhältnissen, die Anlass zu Witzen gab:

Walter Ulbricht ist durch Erich Honecker entmachtet worden. Die Privilegien sind dem Ehepaar Ulbricht umgehend genommen. Nun muss Frau Lotte zum Einkaufen in die normale Kaufhalle, muss Schlange stehen. Sie kommt ganz entsetzt nach Hause und sagt zu Walter: »Kaum bist du einen Tag nicht mehr an der Macht – schon klappt's nicht mehr mit der Versorgung.«

Auf einem Erfurter Wochenmarkt erregt sich eine Frau: »Eine Schande! Nichts gibt's, kein Gemüse, kein ordentliches Obst. Daran ist nur dieser Schuft Schuld!« Da klopft ihr ein Mann auf die Schulter. »Ich habe gehört, was Sie gesagt haben. Ich bin Angehöriger des Ministeriums für Staats-

sicherheit. Wen haben Sie mit Ihrer Bemerkung eben gemeint?« Die Frau,
zu Tode erschrocken, antwortet fast weinerlich: »Meinen Mann!« Da
knallt der Stasi-Büttel die Hacken zusammen. »Entschuldigen Sie viel-
mals, Frau Honecker. Ich habe Sie nicht gleich erkannt!«

Ganz deutlich, aber das macht vielleicht gerade auch einen bestimmten Reiz aus, ist dieser Witz nicht. Ist die Frau auf dem Erfurter Wochenmarkt womöglich tatsächlich Margot Honecker? Wie
dem auch sei, die mit »Schuft« gemeinte Person wird nicht ausdrücklich genannt und dennoch stellt ausgerechnet der Stasi-Mann
die Verbindung zwischen »Schuft« und »Honecker« her – ein Beweis mehr, dass alle das Gleiche dachten, es aber niemand sagte.
Der Witz jedoch bringt es – indirekt und gut getarnt – an den Tag.
   Die Wirtschaftskraft der DDR wurde alljährlich in Leipzig auf der
Frühjahrs- und Herbstmesse demonstriert. Während die Welt Großes zu sehen bekam, war das Land selbst unterversorgt. Entsprechende Witze machten diesen Widerspruch zum Thema:

Was ist der Unterschied zwischen der Leipziger Messe und dem Schwarz-
markt? Antwort: Auf der Leipziger Messe kann man alles sehen, aber
nichts kaufen. Auf dem Schwarzmarkt kann man zwar nichts sehen, aber
dafür alles kaufen.

Leipzig wurde zur ersten heiligen Stadt des Ostblocks erklärt: Zwei Mes-
sen jedes Jahr, und dazwischen wird gefastet.

Ein Markenzeichen der DDR war der »Trabant«. Dieses Fahrzeug
wurde aufgrund seiner Technik und vor allem wegen des ungewöhn-
lichen Materials, aus dem die Karosse hergestellt wurde, »Papp-
schachtel« genannt. Auch die extrem langen Lieferzeiten gaben
Stoff für Witze:

Den Trabant 601 kann man auch »Zittdröhn« nennen: Vorn zittert er, hin-
ten dröhnt er.

Neue Rationalisierungserfolge werden in Vorbereitung des nächsten Par-
teitages aus dem Sachsenringwerk Zwickau gemeldet: »Wir benötigen nur
noch zwei Arbeiter für die Montage eines Trabi: Einer falzt, der andere
klebt.«

Müller hat einen gebrauchten Trabant gekauft. Fragt ihn ein Freund: »Ist denn dein Trabi schon mal gründlich überholt worden?« – »Sehr oft sogar, von Fußgängern!«

Ein reicher Amerikaner hat gelesen, dass in der DDR ein Auto gebaut werde, dessen Lieferfrist alle anderen in der Welt übertreffe. »Das muss ich haben«, beschließt er und bestellt gegen Dollar einen Trabi. Die Autobauer in der DDR sind verwundert, aber auch stolz, dass ihr Produkt jetzt international gefragt ist. Da es Devisen bringt, schicken sie natürlich gleich ein Exemplar auf die Reise. Als das Auto ankommt, freut sich der Amerikaner. »Das ist ein Kundendienst«, ruft er begeistert aus, »zehn Jahre Lieferfrist, aber ein Modell aus Pappe schicken sie sofort!«

Die Wartezeiten für den Erwerb eines neuen PKW sollen stark verkürzt werden: Künftig wird es nur noch vier Tage dauern – einen Tag für die Bestellung und drei Parteitage.

Familie Mayer hat einen PKW Trabant bestellt. Von der Anmeldestelle wird am gleichen Tag noch einmal angerufen: »Richten Sie sich bitte darauf ein, dass wir Ihr neues Auto am 17. Dezember im Jahre 2007 ausliefern.« Vergewissert sich der Vater: »Vormittags oder nachmittags? Am Nachmittag sollen wir nämlich schon unsere Tiefkühltruhe bekommen.«

Manche dieser Witze zeigen sprachliche Virtuosität, beispielsweise wenn dem Lautbild der französischen Automarke »Citroen« durch die phonetische Aussprache und Schreibung »Zittdröhn« ein neuer Sinn beigelegt wird. Andere funktionieren eher auf der sachlichen Ebene, indem sie Abstraktes wie zwanzigjährige Lieferzeiten anschaulich machen oder, wie der folgende Witz, eine plausible Erklärung dafür liefern, warum die DDR – im Gegensatz zur Bundesrepublik – vom Terrorismus verschont geblieben ist:

Warum gibt es in der DDR kein Terroristen? Weil sie fast 15 Jahre auf ein gutes Fluchtauto warten müssten.

In den siebziger Jahren lieferte die Bundesrepublik in einer Art Kompensationsgeschäft einige tausend VW Golf in die DDR. Dieser aufsehenerregende Vorgang, von dem nur wenige DDR-Bürger profitieren konnten, produzierte den folgenden Witz, in dem vor allem auf die Reisemöglichkeiten angespielt wird:

Nur Rentner dürfen sich in der DDR den Golf kaufen. VW will die erste Inspektion in Wolfsburg durchführen.

Auch der folgende, sehr schön ausgeschmückte, lange die Pointe hinauszögernde Witz ist in erster Linie kein Sprachwitz. Aber der genüssliche und zugleich deprimierende Durchgang durch die im Metzgergeschäft nicht vorhandenen kulinarischen Köstlichkeiten hat letztlich doch eine sprachliche Grundlage:

Zu einem Metzger kommt ein Mann und sagt: »Können Sie mir helfen? Meine Tochter heiratet in sechs Wochen und da möchte ich den Gästen doch ein schönes Essen anbieten.« – »Woran hatten Sie denn gedacht?« – »An ein schönes Rinderfilet vielleicht.« Der Metzger bedauert: »Rinderfilet wäre natürlich eine delikate Sache, aber da ist auch mit sechs Wochen Vorlauf nicht dranzukommen. Das geht alles für internationale Besucher und für Exporte weg.« Der Mann überlegt: »Dann vielleicht ein Kalbsnierenbraten?« – »Kalbsnierenbraten ist etwas Feines«, bestätigt der Metzger, »aber so was habe ich selber schon lange nicht mehr gesehen.« Der Mann denkt nach: »Wie wäre es denn mit Rouladen?« – »Rouladen wären hervorragend«, antwortet der Metzger, »die könnte ich mir auch lecker vorstellen. Mit Gurkenstückchen, Zwiebeln und durchwachsenem Speck als Füllung. Aber die bekomme ich leider auch nicht, auf keinen Fall in den nächsten sechs Wochen!« Der Kunde sagt: »Und wie ist es mit Gulasch? Richtig saftiges, gut gewürztes Gulasch!« – »Mit viel Sauce«, bestätigt der Metzger, »ich versteh' schon, was Sie meinen. Aber Gulasch ist nicht zu haben.« – »Oder einen Kalbsbraten?« Der Metzger schüttelt den Kopf: »Kälber werden gar nicht mehr geschlachtet. Die haben noch nicht genug Fleisch, das vergessen Sie mal.« Der Kunde hebt resignierend die Schultern und lässt sie wieder fallen. »Dann nehme ich eben einen einfachen Schweinebraten.« – »Nicht einmal den kann ich Ihnen versprechen«, sagt der Metzger bedauernd, »da müssten wir schon sehr viel Glück haben.« Als der Mann den Laden traurig verlassen hat, sagt die Metzgersfrau: »Ist das nicht schlimm! Da will einer seiner Tochter so rührend eine schöne Hochzeit ausrichten, und wir können ihm nicht dabei helfen. Findest du das nicht auch jammerschade?« – »Ja, natürlich«, bestätigt der Metzger, »aber sag mal: Hast du das mitgekriegt? Ein Gedächtnis hat der Mann!«

Sprachlenkung ist immer mit der Hoffnung verbunden, dass mit den Wörtern auch die Vorstellungen verschwinden, dass sprachlich nicht Benennbares auch nicht mehr gedacht werden kann. Ein Stück weit widerlegt dieser Witz diese Hoffnung. Im Gedächtnis sind die Vorstellungen von »Rinderfilet« und »Rouladen« noch aufgehoben, und damit auch die Wörter, selbst dann, wenn die dazugehörigen Gegenstände in der Wirklichkeit gar nicht mehr existieren.

Das Spiel mit der Doppeldeutigkeit von Wörtern funktionierte gerade im Themenbereich der wirtschaftlichen Versorgung gut. In der DDR stand man »Schlange«, auch für »Grundnahrungsmittel«, die Warenhäuser waren »leer«, für die Tiere gab es kein »Futter«:

Was macht ein DDR-Bürger, wenn er in der Wüste eine Schlange antrifft? Er stellt sich an!

Ein westdeutscher Besucher der DDR sieht vor einem Fleischerladen eine Menschenschlange und wundert sich. Da wird ihm erklärt: »Ja, kein Paradies ohne Schlange!«

Anweisung des Ministeriums für Handel und Versorgung: »Die HO- und Konsum-Geschäfte sollen künftig einen Abstand von mindestens 200 Meter untereinander einhalten, damit die Schlangen vor den Geschäften nicht durcheinander geraten.«

Das in den schwedischen Ostseegewässern gesichtete unbekannte U-Boot ist identifiziert worden. Es gehört zur NVA-Volksmarine und war auf der Suche nach Grundnahrungsmitteln.

In Dresden soll das Centrum-Warenhaus den Namen ›Weltall‹ erhalten. Immer ein Griff ins Leere!

Was ist der Unterschied zwischen einer LPG und einem Lodenmantel? Es gibt keinen. Beide haben kein Futter!

Immer wieder propagiert wurde die Notwendigkeit von ›Produktionssteigerungen‹ im Rahmen der immer wieder neu aufgelegten

›Pläne‹. Wichtig war, durch ›immer noch mehr Leistung‹ die ›Produktivkraft‹ zu erhöhen, was Stoff für einen Witz liefern konnte:

Erich Honecker hat in seiner bedeutsamen Rede in Gera die Werktätigen zu noch mehr Arbeitsleistung und Fleiß aufgerufen. Wörtlich sagte er: »Aus unseren Volkseigenen Betrieben können wir noch mehr herausholen.« Das ist falsch verstanden worden – seitdem wird noch mehr geklaut.

Das »Klauen« war, so behauptet jedenfalls der Witz, in der DDR üblich, nur mussten, damit man im Kreis der Kollegen nicht ›auffiel‹, bestimmte Regeln eingehalten werden:

In der Nacht wird Produktionsarbeiter Friedrich vom Wachmann mit ein paar Ziegelsteinen in der Aktentasche auf dem Bau erwischt. Auf die Frage, warum er nachts stehle, antwortet er: »Am Tag wird man von den Kollegen wegen der paar Steine doch nur ausgelacht.«

Auch die letzten beiden Witze beziehen ihre Pointe aus der Sprache, aus der Bedeutung von Wörtern und der Bedeutung von Sätzen. »Herausholen« wird ganz konkret verstanden, nicht im gemeinten übertragenen Sinne von ›die Wirtschaftskraft eines Betriebes steigern‹, und natürlich hat der Wachmann nicht danach gefragt, warum der Arbeiter »*nachts* stehle«, sondern warum er »nachts *stehle*« – manchmal gibt schon die Betonung Anlass zu Missverständnissen, die in Geständnisse münden können.

Das wichtigste Zahlungsmittel in der DDR war die »Westmark«, In den »Intershops« wurde nahezu alles, auch westliche Ware, angeboten, aber es konnte nur mit DM bezahlt werden. Auf diese Weise machte der Staat die Devisen, die DDR-Bürger zumeist wohl von ihren Verwandten, »Westbesuchern«, erhielten, für sich selbst verfügbar. Aber auch viele andere Waren und vor allem Handwerkerleistungen waren nur mit Westmark zu bekommen. Das beliebteste ›Tarnwort‹ für Einhundert-DM-Scheine war »blaue Fliesen«. Wer in der Zeitung die Annonce »Tausche blaue Fliesen gegen Badewanne« las, wusste in der Regel Bescheid. In den richtigen Kontext gestellt, konnte die »Westmark« als das wichtigste Zahlungsmittel der DDR witzig in Erscheinung treten:

Ein DDR-Rentner kommt von seinem ersten Besuch in der BRD zurück. »Na, wie war's denn, erzähl mal.« Entgegnet der Rentner: »Eigentlich ist es wie bei uns: Für Westmark kriegst du alles.«

Eine wichtige Rolle gerade auch im Themenfeld der wirtschaftlichen Situation spielte der sogenannte »Übertrumpfungswitz«. Zwei oder mehr Personen unterhalten sich, der eine möchte besser, größer als der andere sein. Vordergründig ist derjenige, der zuletzt auftrumpft, der Sieger, aber im Grunde entlarvt er sich selbst, macht die Schwächen seines Systems deutlich, ist er der Verlierer, über den man lacht. Manchmal sogar gibt es offenbar nur Verlierer:

Nixon, Breschnew und Honecker unterhalten sich darüber, was man in ihren Ländern im Durchschnitt pro Monat verdient. Nixon: »Der Durchschnittsamerikaner verdient an die 1000 Dollar. 650 davon benötigt er für den Lebensunterhalt, die restlichen 350 Dollar kann er verjubeln.« Breschnew: »In der Sowjetunion verdient man im Durchschnitt 100 Rubel. 80 Rubel braucht man fürs Leben, mit den restlichen 20 Rubeln kann man sich einen schönen Tag machen.« Honecker: »In der Deutschen Demokratischen Republik verdient man im Durchschnitt 900 Mark. 1200 Mark braucht man zum Leben, und wo jeder die anderen 300 Mark herbekommt, das krieg' ich auch noch raus.«

Zwei Jungen aus beiden Teilen Berlins treffen sich an der Mauer. Sagt der West-Berliner Junge: »Ätsch, wir haben Bananen.« Antwortet der Ostberliner: »Ätsch, wir haben aber den Sozialismus.« Darauf der West-Berliner: »Ätsch, den haben wir auch bald!« – »Ätsch, dann habt ihr aber keine Bananen mehr!«

Paulemann, Matrose auf einem DDR-Handelsschiff, ist von einer Kubareise zurückgekehrt. »Erzähl doch einmal ein bisschen«, bittet ihn die Parteigruppe, »wie weit sind die Kubaner beim Aufbau des Sozialismus?« – »Lange nicht so weit wie wir hier bei uns in der DDR«, sagt Paulemann. »Woran hast du das gemerkt?«, fragt ein Genosse. »Ich bin in Havanna in ein Tabakgeschäft gegangen und habe eine Zigarre verlangt.« – »Na und?« – »Ihr werdet lachen, ich habe sie bekommen!«

Das Fehlen von Waren als ›Fortschritt im Aufbau des Sozialismus‹ auszugeben, könnte von grenzenloser Verblendung oder aber von einer äußerst raffinierten Kritik zeugen. Aber mit genau dieser Raffinesse muss man im Witz rechnen, denn dort kann der Ausdruck ›keine Waren‹ durchaus als eine Existenzbehauptung auftreten:

Kommt ein Mann ins Centrum-Warenhaus am Alexanderplatz, 1. Stock. Fragt er die Verkäuferin: »Sagen Sie, gibt's hier keine Teppiche?« Die Verkäuferin: »Das ist falsch. Hier gibt's keine Möbel. Keine Teppiche gibt's zwei Etagen höher.«

Die Planwirtschaft funktionierte so, dass auf oberster Ebene die Pläne aufgestellt wurden und auf der untersten Ebene die Pläne zu erfüllen waren. Wie weit die »Plansollerfüllung« bereits fortgeschritten war, musste ständig geprüft, kontrolliert werden. Die untersten Ebenen hatten Berichte zu verfassen, die dann alle weiteren Ebenen bis hin zur Zentrale durchliefen. Dieser Weg war weit und gelegentlich kam ein Bericht ›oben‹ nicht so an, wie er ›unten‹ verfasst worden war. Die beiden folgenden Witze entlarven diese Praxis und liefern zugleich eine plausible Begründung dafür, warum es in der DDR so wenige Waren gab:

Die zentralen Staatsorgane haben eine Statistik angefordert, wie viele Rinder auf einen DDR-Bürger kommen. Als die Aufnahme der Daten auf Kreisebene abgeschlossen ist, stellt sich heraus, dass auf einen Einwohner eine Kuh kommt. »Was, so wenig?« wundert sich der Kreisverantwortliche. »Eine solche Meldung gebe ich nicht weiter an den Bezirk. Also, schreiben wir: ›Auf einen Einwohner kommen zwei Kühe.‹« Als im Bezirk die Meldung eingeht, ist der Bezirksverantwortliche ganz aufgeregt: »Wie bitte, so wenig? Und das soll ich der Zentrale hoch melden? Die machen mich zur Minna. Wir schreiben: ›Drei Kühe pro Einwohner.‹« Im Ministerrat der DDR wird der Bericht schließlich für den Staatsratsvorsitzenden fertig gestellt. »Was, nur drei? Das wird schlecht ankommen. Schreiben wir lieber vier!« Honecker bekommt den Bericht, schaut ihn durch. Er ist erstaunt. »Was denn, vier Kühe pro Einwohner? Wozu brauchen wir denn so viele Kühe? Es reicht doch eine Kuh pro Einwohner. Ich gebe Anweisung, drei Kühe pro Einwohner zu exportieren!«

Ein Schlachthof in Dresden erfüllt seinen Plan nur zu fünfzig Prozent. Der Direktor meldet fünfundsechzig Prozent an die SED-Kreisleitung. Der Kreisleitungssekretär erhöht auf fünfundsiebzig Prozent. Die SED-Bezirksleitung telegraphiert gewohnheitsgemäß 99,8 Prozent nach Berlin weiter. Im Wirtschaftsministerium wird die Bilanz auf hundert Prozent gerundet. Im Zentralkomitee entscheidet man: »Die Hälfte wird exportiert, der Rest bleibt für den Binnenhandel.«

Musste jedoch einmal eine offizielle Erklärung für einen Missstand gegeben werden, dann lag es nahe, die ›Schuld‹ eher der Realität als der sozialistischen Planwirtschaft zu geben. Aber auch eine solche Argumentation konnte der Witz entlarven:

Frage: »Genosse Parteisekretär! In den 80er Jahren haben wir immer noch Engpässe beim Fleisch. Wie können Sie uns das erklären?« – »Genossen, unsere Erfolge nehmen ständig zu. Das Entwicklungstempo des Sozialismus hat sich derartig beschleunigt, dass das arme Vieh nicht mehr Schritt halten kann.«

Umweltschutz war in der DDR kein Thema. Dennoch waren die Ressourcen knapp, es musste hausgehalten werden, auch mit Strom. Wenn es dabei gelang, dem kapitalistischen Feind im Westen zu schaden, konnte jedes Mittel Recht sein – das zumindest lernte man in der Schule. Dass dabei gelegentlich auch unerwünschte Nebeneffekte eintraten, war bedauerlich, konnte aber Stoff für einen Witz liefern:

Der Lehrer fragt in der Schulstunde, wie in den Haushalten der Schüler Strom gespart wird. Klaus erklärt, seine Mutter staubsauge nur noch zweimal die Woche. Jochen berichtet, sein Vater rasiere sich jetzt nur noch einmal pro Tag elektrisch. Dann sagt Fritzchen: »Wir gucken jetzt nur noch Westfernsehen. Sollen die doch sehen, woher sie den Strom nehmen.«

Für den Ruhm auf technisch-wissenschaftlichem Gebiet war der DDR keine Investition zu hoch. Im Volk wusste man, dass Renommierprojekte stets zu Lasten der Versorgung der Bevölkerung gingen. Protest dagegen war jedoch nur im Witz, hier in gereimter Form, möglich:

Fürs Auto keine Schraube,

keine Bretter für die Laube,

fürs Klo kein Papier,

aber einen Kosmonauten haben wir!

In den Witzen über die wirtschaftliche Situation in der DDR mischt sich zur Erzeugung der Pointen die Ausnutzung sprachlicher Möglichkeiten mit der sachlich-konkreten Beschreibung von Zuständen und Ereignissen. Immer aber steht die Kritik im Vordergrund, natürlich auch die Kritik an den Zuständen selbst, mehr aber noch die Kritik an der Verschleierung dieser Zustände durch die offiziellen Verlautbarungen. Insofern sind auch diese Witze stets sprachlich motiviert, nehmen sie eine Korrektur des in offizieller Sprache vermittelten Bildes der Wirklichkeit vor. Ein letzter Witz aus diesem Themenkreis vereinigt beides, angewandte Sprachkritik und Dekonstruktion des Scheins. Hinzu kommt eine gute Portion Selbstkritik:

Was wir uns in der DDR in den letzten 40 Jahren vorgemacht haben, das macht uns so schnell keiner nach!

3.4 Witze über Beziehungen zu anderen Staaten

Die Weltkarte war in der DDR klar gegliedert. Es gab die »roten« Staaten, das waren die guten sozialistischen Bruderländer, dann gab es die »blauen« Staaten, das war das feindliche kapitalistische, imperialistische Ausland, und dann gab es noch die »grünen«, neutralen Staaten, von denen man aber sicher war, dass sie auch bald »rot« werden würden. Die Polarisierung in Freund und Feind, in Gut und Böse, spiegelt sich auch in den politischen Witzen über andere Staaten. Im Vordergrund stehen die Russen als die – vermeintlichen – Freunde und die Amerikaner als die – vermeintlichen – Feinde. Der oppositionelle Witz hat die Tendenz, dieses Verhältnis der Bewertung umzudrehen, allerdings nicht auf ebenso plumpe Weise wie es die offizielle Version konstruiert hatte, sondern oftmals mit feinsinnigen Differenzierungen.

Für die schlechte wirtschaftliche Situation wurde gemeinhin

Russland verantwortlich gemacht. Die Abhängigkeit vom »großen Bruder« wurde als derart drückend empfunden, dass auf die Frage, was »DDR« auf Russisch heiße, die Antwort lauten konnte: »Dawai, dawai, rabotai!«, was übersetzt so viel wie »Los, los, arbeiten!« bedeutet. Oder die Abkürzung »DDR« wurde mit »Der Deutsche Russe« aufgelöst.

Nach Russland mussten viele in der DDR produzierte Waren geliefert werden, die dann im eigenen Lande fehlten. Die eigene Rolle im Wirtschaftskreislauf mit Russland und dem Westen stellte man sich folgendermaßen vor:

Die Sowjetunion liefert der DDR Lehm. Die brennt daraus Ziegel. Mit den Ziegeln baut die DDR Fabriken. In den Fabriken werden Maschinen hergestellt. Die Maschinen werden in den Westen verkauft. Dafür bekommt die DDR Stahl. Den Stahl liefert sie an die Sowjetunion und bekommt dafür Lehm.

Stets fühlte man sich wirtschaftlich von Russland ausgenutzt, sah man sich als ‹Spielball› der russischen Machthaber, für die man zahlen musste. Aber mit subtiler sprachlicher Sensibilität, mit viel Sprachgefühl, formulierte man auch den Protest:

Chruschtschow besucht Indien. Während eines Banketts will er den indischen Ministerpräsidenten bewegen, ein Glas Wodka zu trinken. Der lehnt aus religiösen Gründen strikt ab. Chruschtschow versucht ihn zu überreden und bietet eine Zuckerfabrik dafür. Der Inder bleibt konsequent. Chruschtschow bietet zwei, schließlich sogar drei Zuckerfabriken an. Der Inder trinkt ein Glas. Da lacht Nikita schallend. »Warum lachen Sie, wenn ich mich im Interesse meines Volkes über unsere religiösen Anschauungen hinwegsetze?« fragt der Inder. »Ich lache nicht über Sie, ich stelle mir nur vor, was Ulbricht für ein Gesicht macht, wenn er erfährt, dass er jetzt drei Zuckerfabriken nach Indien liefern muss!«

Sowjetischen Wissenschaftlern ist eine Neuzüchtung gelungen: eine Kuh mit einem so langen Hals, dass sie mühelos in der DDR fressen und in der Sowjetunion gemolken werden kann.

An einem öffentlichen Gebäude in Gotha prangte ein riesiges Transparent: »Es lebe die Sowjetunion!« Jemand schrieb über Nacht dazu: »Aber bitte auf eigene Kosten!«

Ein sowjetischer Funktionär spricht auf einer SED-Parteiversammlung über die Beziehungen zur Sowjetunion: »Die UdSSR will immer nur euer Bestes!« Zwischenruf eines Zuhörers: »Das merken wir schon seit 25 Jahren. Aber das wollen wir ja gerade behalten!«

Das Darben unter dem russischen Wirtschaftsdiktat fand denn auch Ausdruck in einem Sprachwitz, für den Phonetik und Phonologie Pate standen. Die offizielle DDR-Parole »Von der Sowjetunion lernen heißt *siegen* lernen« wurde nur Sächsisch ausgesprochen. Sie lautet dann: »Von der Sowjetunion lernen heißt *siechen* lernen«.

Auch die Tatsache, dass in der DDR russische Soldaten stationiert waren, gab dem politischen Witz Nahrung. In der Bevölkerung wurden sie als Besatzer betrachtet, die man am liebsten nach Hause schicken wollte:

Was ist der Unterschied zwischen Handwerkern und Russen? Die einen kommen nicht – die anderen gehen nicht!

An einem Bretterzaun steht zu lesen: »Go home!« Ein Arbeiter lässt sich von seinem Kameraden erklären, dass es englisch sei und die Bedeutung habe: »Geht nach Hause!« – »Was soll denn solch ein Unsinn!«, sagt der Arbeiter. »Die Russen verstehen doch gar kein Englisch!«

Der Lehrer fragt seine Schüler im Unterricht: »Sind die Sowjets unsere Freunde oder unsere Brüder?« Meldet sich Fritzchen: »Herr Lehrer, die Russen müssen unsere Brüder sein, denn Freunde kann man sich aussuchen.«

Eben weil die Russen so ungeliebt waren, produzierte man Vorurteile, die gelegentlich wohl aber auch auf Erfahrungen beruhten. Insbesondere wurde den Russen nachgesagt, dass sie stehlen würden – nur durfte man das öffentlich natürlich nicht behaupten:

Am Leipziger Hauptbahnhof hat ein älterer Herr sein Fahrrad abgestellt. Ein Vopo hat dies beobachtet und sagt: »Nehmen Sie Ihr Fahrrad weg, gleich kommt eine sowjetische Delegation vorbei.« – «Das macht nichts, ich habe mein Fahrrad abgeschlossen.«

»Eben hat mir 'n Ausländer die Uhr jestohlen«, klagt ein Mann nachts auf einer Ostberliner Vopo-Wache. Der Wachhabende zuckt mit den

Schultern: »Ein Ausländer, wahrscheinlich 'n Ami, was?« – »Nee, keen
Ami.« – »Na, denn war's 'n Tommy.« – Nee, ooch nich.« – »Also, 'n Fran-
zose.« – »Nee, ooch nich.« – »Quatsch«, schimpft da der Vopo, »wat soll
es denn sonst für'n Ausländer jewesen sein?« – »Ik jlobe, et wa'n Finne.«
– »En Finne?« Der Vopo schüttelt den Kopf. «Nee, Finnen ham wa jar
nicht in Berlin. Sie meinen wohl, et war'n Russe?« – »Det stimmt«, sagt
der Mann, »aba Sie ham's jesacht!«

Die Russen standen zudem in dem Ruf, unehrlich zu sein. Misstrau-
en schien angebracht, vor allem wenn von »brüderlich« die Rede
war:

Bei Tiefbauarbeiten an einer Erdölleitung finden ein sowjetischer Arbeiter
und ein Arbeiter aus der DDR einen großen Klumpen Gold. Sagt der Rus-
se: »Lass uns das teilen, brüderlich!« Entgegnet der aus der DDR: »Nee,
machen wir lieber halbe-halbe!«

Ein aussagekräftiges Spiel wiederum mit einem homonymen Wort
liefert der folgende Witz, in dem Breschnew der Geschichtsfäl-
schung bezichtigt wird:

Zum 60. Geburtstag der Großen Sozialistischen Oktoberrevolution ist ei-
ne neue ›Illustrierte Geschichte der KPdSU‹ erschienen. Illustriert sogar?
Ja, mit Radierungen von Breschnew.

Während es über Russland und die Russen eine Fülle von politischen Witzen gab, waren die USA oder die Bundesrepublik nur selten ein Thema. Der politische Witz hatte stets einen Feind, die westlichen Staaten und ihre Vertreter aber waren für ihn keine Feinde.
Deshalb eignete sich das westliche Ausland kaum für Witze. Wenn
es doch vorkam, dann zumeist in Verbindung mit dem eigenen
Staat, mit Russland oder anderen sozialistischen Staaten, die dann
stets auch Gegenstand des Lachens waren:

Willy Brandt besucht Erfurt. Willi Stoph liest seine Begrüßungsrede vom
Blatt ab. Anschließend spricht Brandt, ohne jegliches Manuskript zu Hilfe
zu nehmen. Willi Stoph sagt, etwas pikiert, leise zu seinem Nachbarn:
»Der Brandt kann nicht mal lesen.«

Geschichtsunterricht in einer Bautzener Schule: »Warum lieben wir die Russen?« – »Weil sie uns befreit haben!« – »Warum hassen wir die Amerikaner?« – »Weil sie uns nicht befreit haben!«

Auch dieser letzte Witz ist eine subtile Opposition gegen die offizielle Sprache, gegen das politische Bild, das offiziell verbreitet wurde. Deren Schwarz-Weiß-Malerei beruhte auf Position und Negation. Die Freunde waren durch eine positive Aussage zu charakterisieren, die Feinde durch eine negative. Doch das Einfügen des Wortes »nicht« konnte einen neuen Sinn produzieren, der das offizielle Bild ins Wanken brachte und das System mit seinen eigenen Waffen schlug.

Etwas anders beurteilt der folgende Witz das Verhältnis der DDR-Bürger zur Sowjetunion. Er gehört zu den interethnischen Witzen, die den Charakter verschiedener Völker, Staaten oder ihrer Repräsentanten verdeutlichen sollen. Hier drückt sich Selbstkritik der DDR-Bürger aus, eine gewisse Bewunderung für die Polen und Verachtung gegenüber den Russen:

Leonid Breschnew ist mit seiner Gattin Nina zum Staatsbesuch in der DDR und fährt nun per Sonderzug wieder zurück. Als sie eine Weile gefahren sind, fragt die Gattin: »Leonid, wo sind wir jetzt?« Breschnew hält fühlend die Hand aus dem Fenster ohne hinzusehen und antwortet fachkundig: »Wir sind noch auf dem Territorium der DDR.« Einige Stunden später fragt die Frau: »Und wo sind wir jetzt?« Leonid schließt die Augen und hält wieder die linke Hand aus dem Fenster, zieht sie aber schnell wieder zurück und antwortet: »Jetzt fahren wir durch die Volksrepublik Polen.« Nach längerer Zeit fragt die Ehefrau: »Und wo sind wir jetzt?« Leonid hält wieder die Hand aus dem Fenster und sagt dann: »Jetzt sind wir auf heimatlichem sowjetischem Boden angekommen.« Nina: »Du bist genial. Wie kannst du das erfühlen?« Leonid: »Nun, beim ersten Mal haben sie mir die Hand geküsst. Beim zweiten Mal hat man draufgespuckt. Beim dritten Hinaushalten der Hand kam meine goldene Uhr weg.«

Nach 1972, dem Jahr des Amtsantritts von Erich Honecker, verstärkte die DDR die Kontakte zu Polen. Dort aber weiteten sich die schon seit 1970 bestehenden Arbeiterunruhen aus, sodass die DDR die Grenze zu Polen 1980 wieder undurchlässiger machte. In dieser

Zeit entstand eine Fülle sogenannter ›Polen-Witze‹. Wolf Oschlies und Karl Wilhelm Fricke vermuten, dass diese Witze nicht im ›Volk‹ entstanden sind, sondern gezielt von der Stasi produziert und verbreitet wurden, um insbesondere die Arbeitsmoral der Polen zu diffamieren und damit ein Übergreifen der polnischen Protestbewegung auf die DDR zu verhindern.[7] Ob diese Vermutung tatsächlich zutrifft, lässt sich wohl kaum mehr nachweisen – vorstellbar jedoch wäre es, dass die Stasi mit Witzen wie den folgenden aktiv das ›Volksempfinden‹ beeinflussen wollte.

Der neue Freundschaftsvertrag zwischen der DDR und Polen hat folgenden Wortlaut: Artikel 1: Polen streikt für die DDR. Artikel 2: Die DDR arbeitet für Polen.

Die Hälfte aller Solidaritätspakete nach Polen kommt mit dem Vermerk »Annahme verweigert« zurück. Warum? Es war Arbeitskleidung drin.

Kennen Sie den kürzesten Witz aus Polen? Zwei Polen arbeiten.

Dringend notwendig war ein solch manipulierender Versuch, die Polen in der Bevölkerung der DDR zu diskreditieren, aber nicht, denn die Stimmung in der DDR war ohnehin antipolnisch. Erregt war man insbesondere über Einkaufswut und Gewitztheit der Polen, die, wie man meinte, den DDR-Bürgern die ohnehin nur spärlich vorhandenen Waren einfach wegkauften:

Im Kaufhaus Centrum auf dem Alexanderplatz wird zu jeder vollen Stunde die polnische Nationalhymne gespielt. Dann nehmen die Polen Haltung an, und die Deutschen können endlich einmal einkaufen.

Derartige Witze – und auch manche über die Russen – sind bereits Mischformen aus politischen Witzen und ethnischen Witzen. Letztere dominieren dort, wo es um die Ausgrenzung des Fremden geht, hauptsächlich in Zeiten und an Orten, die zur Ablenkung von eigenen Unsicherheiten und Schwierigkeiten ein Opfer brauchen. Auch die Bundesrepublik war und ist nicht frei von derartigen Bedürfnissen. Der ethnische Witz ist besonders dann gefährlich, wenn er bestehende Vorurteile bestätigt und damit, auf Stammtischniveau, soli-

darisierend wirkt. Wenn man über die Witzkultur in der DDR nach-
denkt, darf diese Tendenz zum ethnischen Witz, ja zum diskriminierenden Witz – ganz gleich, ob von der Stasi in Umlauf gebracht oder
nicht, schließlich wurden diese Witze bereitwillig in der Bevölkerung aufgenommen und weitergegeben – nicht unterschlagen werden. Diese Tendenz gehört auch zur DDR, allerdings eher zur
›kleinbürgerlich-spießigen‹ denn zur oppositionell politischen.

Besser ist es, das Kapitel mit einem guten Witz zu schließen, der
zwar ›imperialistisch‹ ist, aber seine ironische Aufhebung gleich
selbst mitbringt:

> *Ist es möglich, die ganze Welt sozialistisch umzugestalten? Ja, das ist*
> *möglich, abgesehen von der Schweiz, die muss bleiben – zur Erholung.*

3.5 Alltagswitze

Die bislang vorgestellten und besprochenen Witze haben allesamt
einen politischen Hintergrund und eine politische Aussage. Sie üben
Kritik an den politischen und wirtschaftlichen Verhältnissen in der
DDR. Da es nicht möglich war, Kritik überhaupt in der Öffentlichkeit zu formulieren, auf Versammlungen oder in den Medien, wurde
sie in den Witz abgedrängt. Der politische Witz in der DDR war eine
Form von politischer Gegenöffentlichkeit. ›Unpolitische Witze‹ gab
es in der DDR kaum. Die folgende Einschätzung, der grundsätzlich
zuzustimmen ist, liefert dafür eine Erklärung:

> *Der politische Witz war die einzige Munition, mit der die Unzufriedenen*
> *in der DDR das Regime angreifen konnten.*

> *Gute politische Witze gab es darum fast nur in der DDR. Wer aus dem*
> *Westen kam und erzählen wollte, worüber in Köln oder München gelacht*
> *wurde, fand in Leipzig und anderswo kaum eine Resonanz. Witze ohne*
> *politischen Hintergrund wurden selten verstanden. Es war ja auch alles*
> *politisch, Privates ging darin auf, wurde mit verplant.*[8]

Nun ist es aber kaum vorstellbar, dass eine Gesellschaft durch und
durch politisiert sein kann, dass jegliche Kommunikation immer

auch einen politischen Bezug besitzt. In jeder Gesellschaft muss es Bereiche geben, die der Politik fern stehen und die grundsätzlich auch Gegenstand unpolitischer Witze sein können. Für die DDR sind sie dennoch schwer zu finden. Der folgende Witz allerdings könnte ein Beispiel sein, denn er negiert explizit das Politische:

> *Vor dem Mauerbau. Notaufnahmelager Berlin-Marienfelde. Der junge Mann aus Wurzen/Sachsen wird über seine Fluchtgründe befragt. »Eechentlich keene bolitischen«, antwortet er, »ich gonnde bloß die Schprache nich mehr verdrachen.«*

Natürlich hat auch dieser Witz einen politischen Gehalt, spielt er doch auf die Mauer und die Flucht aus der DDR an. In erster Linie aber ist es ein Witz über eine bestimmte Sprachform, einen bestimmten Dialekt, den der Sachsen.[9] Der typische Sachsenwitz ist ein Sprachwitz, eben ein Dialektwitz: »Im Sprachwitz distanziert sich der Sachse von seiner Sprache und – sächsische Dialektik! – identifiziert sich zugleich mit ihr«, schreibt Ehrhardt Heinold.[10] Das folgende Beispiel bestätigt diese Feststellung:

> *Familie Pietsch aus Sachsen besucht nach der Wende ein bayrisches Bauerntheater. Alle sind stark beeindruckt. Am Schluss des Stückes flüstert Frau Pietsch ihrem Mann zu: »Eechendlich schade, dass mir Sachsen geen Dialeggd ham!«*

Aus den unzähligen sächsischen Witzen, deren Ausgangspunkt Homonyme sind, »die durch den mundartlichen Zusammenfall schriftsprachlich getrennter Formen entstehen«,[11] sei hier stellvertretend die sächsische Version eines alten und weit verbreiteten Witzes genannt:

> *Universität Leipzig. Ein Professor, dessen Spezialgebiet die Würmer sind, hat an einem Tage vier Prüfungen abzunehmen. Den ersten Kandidaten fragt er tatsächlich nach den Würmern: »Also, wie teilen Sie die Würmer ein?« Der Kandidat besteht die Prüfung. Der zweite Kandidat bekommt die Frage: »Was können Sie mir über den Elefanten sagen?» Antwort: »Der Elefant hat einen Rüssel. Dieser ist wurmförmig. Die Würmer teilt man ein in ...« Denn dritten Kandidaten fragt der Professor nach den Zug-*

vögeln. Der Kandidat: »*Die Zugvögel fliegen im Winter nach Süden, weil es dort wärmer ist. Die Wärmer teilt man ein in ...*«. *Der letzte Kandidat ist von seinen Prüfungskollegen vorgewarnt worden. Er kommt in die Prüfung und beginnt sofort mit den Worten:* »*So, Herr Professor, da wär mer. Die Wärmer teilt man ein in ...*«

Ein letztes Beispiel mag belegen, dass es in der DDR offenbar auch Witze mit sexuellen Anspielungen gegeben hat. Interessanterweise liefert dieser Witz auf der Erzählebene überhaupt nichts Anzügliches, er ist von seiner Form her also äußerst diskret. Die Pointe, deren Entschlüsselung vollständig der Hörer zu leisten hat, ist jedoch recht heftig:

Heringsdorf auf Rügen. FKK-Strand. Ein Mann liegt im Sand und liest eine Zeitung. Das Gesicht ist verdeckt. Drei Kolleginnen aus Leipzig kommen vorbei und mustern ihn interessiert. Sagt die erste: »*Där da, das is nich mei Mann.*« *Nickt die zweite:* »*Da hasde rächt, awer meener is es ooch nich!*« *Ergänzt die dritte:* »*Där da, das ist überhaupt geener vom Hodel.*«

In seiner ›witzgeographischen‹ Bedeutung steht der sächsische Witz anderen regionalen Witzen in nichts nach, jedoch zeigt er unverwechselbare Ausprägungen. Die im Witz sich ausdrückende sächsische Dialektik, die Ehrhardt Heinold für charakteristisch hält, besagt nämlich Folgendes: »These und Antithese führen nicht zur Synthese, sondern heben sich gegenseitig auf. Man könnte auch von einer typisch sächsischen Relativität sprechen – die Dinge haben keinen Wert an sich, sondern nur den jeweiligen in Bezug auf den jeweiligen Gegenstand.«[12] Eine solche Haltung bringt den Witz nicht selten schon von seiner Anlage her in die Nähe des Politischen. Es war deshalb – eben auch von der Witztypik her gesehen – vielleicht kein Zufall, dass 1989 die ›Wende‹ und die mit ihr verbundene ›Sprachrevolte‹ in der DDR ihren Ausgangspunkt in Leipzig, einer sächsischen Stadt, genommen hat. Wo anders als in Sachsen hätte die ›offizielle Realität‹ schon in der Sprache eine unüberwindliche Hürde gehabt, wo sonst hätte man in vierzig Jahren DDR von der Sowjetunion nicht anderes als »siechen« lernen können?

4 Sprachwitz und Sprachspiel in der Wendezeit

Der Sprachwitz, der insbesondere in der Zeit vor 1989 in der DDR verbreitet war, wurde während der Ereignisse von 1989/90 ergänzt durch das Sprachspiel. Es hatte die Funktion, die Bedeutung von politisch besonders relevanten sprachlichen Zeichen der öffentlichen Sprache in der DDR vor der Wende neu zu bestimmen und damit auf die Schaffung einer neuen sprachlichen und gesellschaftlichen Realität hinzuwirken. Das Sprachspiel kann als eine Folgeerscheinung des Sprachwitzes betrachtet werden. Es kann zudem in einer wirkungsvollen Gestalt erst dann entstehen, wenn Alternativen zur Sprachrealität kommunikabel werden, was öffentlich in der DDR erst 1989 der Fall war. Allerdings könnten auch die schon zu DDR-Zeiten üblich gewesenen Gegenlosungen, die ja mit Homonymen spielen, bereits als Sprachspiele betrachtet werden.[1]

Ebenfalls ein Sprachspiel ist der Ausdruck »Wendehals«, der 1989 als Personenbezeichnung für Menschen aus der DDR geprägt wurde, die eine aktive politische Vergangenheit auf der offiziellen Parteilinie hatten und die nun, im Zuge der gesellschaftlichen Umgestaltung, ihre Meinung schlagartig änderten, um im Sinne der neuen Verhältnisse wieder politisch aktiv zu werden. Versuchen wir, den »Wendehals« als Sprachspiel linguistisch zu beschreiben.

Zunächst können wir feststellen, dass der durchsichtige Ausdruck »Wendehals« ursprünglich einen Vogel bezeichnet, der in der Lage ist, seinen Kopf mittels einer Halsbewegung um 180 Grad zu drehen. Die neue Bedeutung des politischen Wendehalses stellt sprachlich gesehen eine Metapher dar. Semantisch gesprochen funktioniert die metaphorische Übertragung folgendermaßen: Für den Vogel Wendehals gibt es ein Bündel semantischer Merkmale, die seine Bedeutung ausmachen. Aus diesem Bündel wird ein Merkmal, nämlich das in dem Namen konzentrierte und damit auch stärkste, auffälligste Merkmal der Fähigkeit zu einer 180-Grad-Halsbewegung, herausgelöst und auf einen Menschen übertragen, der sich in vergleichbarer Weise verhält, nämlich plötzlich eine zu seiner bisherigen politischen Auffassung diametral entgegengesetzte Position einnimmt. Wie aber kommt die Übertragung des körperlichen Merkmals eines Vogels auf eine geistige Disposition, auf das politische Verhalten eines Menschen, zustande? Die Antwort, dass hier das Weltwissen regulierend eintritt und die Steuerung der Übertragung zur Herstellung eines akzeptablen Sinns der neuen Bedeutung übernimmt, ist zu allgemein und als Bedingung noch nicht hinreichend. Ein konkreter Sinn kann erst hergestellt werden, wenn zusätzlich noch ein bestimmter (situativer) Kontext, also eine Verweissituation in Gestalt außersprachlicher Bedingungen gegeben ist, der in dem je bestimmten Fall sinnsteuernd wirkt. Für unser Beispiel »Wendehals« ist das selbstverständlich der politisch-gesellschaftliche Kontext der Umbruchsituation in der DDR vom Herbst 1989. In dieser Situation war es möglich und tatsächlich auch der Fall, eine politische Kehrtwendung zu vollziehen, sodass der Ausdruck »Wendehals« einen konkreten Sinn in Gestalt einer übertragenen Bedeutung erhalten konnte.

Nun wird die Bedeutung des Ausdrucks »Wendehals« für einen Menschen mit dem beschriebenen politischen Verhalten nicht nur und vermutlich überhaupt nicht zuerst von der Bezeichnung für den betreffenden Vogel als eine metaphorische Bildung motiviert gewesen sein. Wir wissen, dass das politische Geschehen in der DDR 1989 mit dem Begriff »Wende« bezeichnet wurde, und zwar sowohl im Osten wie im Westen Deutschlands. Der Begriff hat dabei eine aufschlussreiche Gebrauchs- und Bedeutungsentwicklung durchgemacht. Im Nachhinein betrachtet scheint er ein besonders sprechendes Beispiel dafür zu sein, dass es in der Politik wesentlich darum geht, Begriffe zu besetzen und auf diese Weise Machtbezirke abzustecken. Zunächst von den Bürgerbewegungen in der DDR benutzt als knapper, bildlich aufgeladener Ausdruck für die Forderung nach gesellschaftlicher Erneuerung, wurde der Begriff »Wende« schon vor dem 9. November 1989, dem Tag der Maueröffnung, von Egon Krenz und Gregor Gysi, den damaligen Krisenmanagern der SED-Führung, aufgegriffen, um die Bereitschaft der Herrschenden zu einer sich ändernden offiziellen Politik zu bekunden. Dieser Versuch der SED, den Bürgerbewegungen einen ihrer Leitbegriffe zu entwinden und ihn für sich zu vereinnahmen, wurde von Christa Wolf bereits am 4. November auf der großen Kundgebung auf dem Berliner Alexanderplatz erkannt und entsprechend kommentiert. Ihre berühmt gewordenen Worte seien hier – in der nachträglich autorisierten Fassung – in Erinnerung gerufen:

> *Mit dem Wort Wende habe ich meine Schwierigkeiten. Ich sehe da ein Segelboot, der Kapitän ruft: Klar zur Wende!, weil der Wind sich gedreht hat, und die Mannschaft duckt sich, wenn der Segelbaum über das Boot fegt. Aber stimmt dieses Bild? Stimmt es noch in dieser täglich vorwärtstreibenden Lage? Ich würde von revolutionärer Erneuerung sprechen.*[2]

Als bald schon nach dem 9. November der Einfluss der SED, dann der PDS, zurückging und in gleichem Maße der Einfluss westlicher Regierungspolitiker stieg, als die Rede von der Vereinigung beider Staaten öffentlich und breit geführt wurde, kam es zu einer erneuten Enteignung und semantischen Neubesetzung des Begriffs »Wende« – nun durch die maßgeblichen Politiker aus der Bundesrepublik, die den Begriff 1982, beim Regierungswechsel, schon einmal erfolgreich verwendet hatten. Seither verbinden wir mit »Wende« die Phase der Auflösung und des Untergangs der DDR vom Herbst 1989 bis zum Beitritt der fünf neu gebildeten Länder zur Bundesrepublik im Oktober 1990.

Zurück jedoch zum »Wendehals«. Dieser Ausdruck kam erst auf, als die SED den Begriff »Wende« den Bürgerbewegungen entwendet hatte und selbst »Wendehälse« in nicht geringer Zahl hervorbrachte; verstärkt dann, als die politischen Weichen in Richtung Vereinigung unabänderlich gestellt wurden und das entsprechende Verhalten eines Wendehalses unter den politisch Aktiven zu DDR-Zeiten nun völlig gefahrlos möglich war. War auf den Spruchbändern, die die auch nach dem 9. November anhaltenden Montagsdemonstrationen schmückten, zu Beginn jener semantischen Neubesetzung des Begriffs »Wende« noch beispielsweise zu lesen »Wenden nicht winden« oder »Die große Wende in ihrem Lauf halten weder Ochs noch Esel auf«,[3] so nahmen bald schon kritische Aussprüche, Wendungen, den Raum ein: Jetzt war die Rede von einer »360-Grad-Wende?« (mit Fragezeichen), man las den doppeldeutigen Appell: »Lasst Euch nicht verwenden«, oder es wurde gefordert:

»Kein Artenschutz für Wendehälse« – letzteres Beispiel ein Beleg dafür, dass auch die biologische Sphäre, also der Name des Vogels Wendehals, als Bildspender aktualisiert worden war.[4]

An dem Beispiel »Wendehals« ist Folgendes deutlich zu sehen: Der Begriff »Wende« lief als neuer, den Aufbruch zu einem anderen Staat signalisierender Begriff im Herbst 1989 schon bald Gefahr, staatlicherseits wieder vereinnahmt zu werden. Dagegen wehrte sich die Bevölkerung. Der Begriff wurde sprachspielerisch eingesetzt, umgeformt zu einem Appell, einer Warnung, einer Frage – zunächst im halböffentlichen Diskurs der Bürgerbewegungen, dann auf den Montagsdemonstrationen, die aus dem halböffentlichen ganz rasch einen öffentlichen Diskurs gemacht hatten. Die in den Parolen sich ausdrückende Kritik am Begriff »Wende« und daran, was politisch darunter zu verstehen war, kulminierte im »Wendehals«. Diese Bezeichnung wurde zu einem stigmatisierenden Begriff für ein opportunistisches politisches Verhalten und zugleich zu einem kritischen Distanzbegriff gegenüber den rasant vollzogenen politischen und gesellschaftlichen Veränderung kurz vor und nach dem Fall der Mauer.

Anders als die Sprachwitze, deren Form ja von vollständigen Geschichten bis zu Wortneuschöpfungen reicht, waren die Sprachspiele der Wendezeit hauptsächlich kurze Parolen, sprachlich verdichtete Stellungnahmen, die nicht selten eine Nähe zum Aphorismus aufwiesen. Auf den Transparenten der Montagsdemonstrationen[5] konnte man beispielsweise lesen:

Mein Vorschlag für den 1. Mai: die Führung zieht am Volk vorbei.

Dieses Sprachspiel[6] hat seinen Angelpunkt in dem Zeichen »1. Mai«, das in der Sprachrealität der alten DDR gefüllt war mit der Vorstellung der organisierten Paraden, in denen Abordnungen der zahlreich vorhandenen gesellschaftlichen Organisationen in Ostberlin an den führenden Vertretern des Staates vorbeizogen und man sich gegenseitig zuwinkte. In der Parole der Montagsdemonstrationen nun wird dieser Vorstellungsinhalt genau umgedreht: Nicht das Volk zieht an der Führung, sondern die Führung zieht am Volk vorbei. Ein völlig neuer Sinn entsteht, nämlich der, dass die Führung für das Volk da ist, vom Volk kontrolliert wird, sich dem Volk stellen muss. Die Sprachrealität des Zeichens »1. Mai« wurde somit negiert und mit einem neuen politischen Inhalt versehen.

Ein beliebtes Mittel war es, stehende Wendungen und Sprichwörter spielerisch zu verfremden, um plötzlich eine neue Erkenntnis oder eine bislang nicht kommunikable Forderung auszusprechen. Ersteres ist der Fall in dem Ausspruch »Ruinen schaffen ohne Waffen – 40 Jahre DDR«, der auf die Wendung »Frieden schaffen ohne Waffen« zurückgeht, oder in dem Slogan »Misstrauen ist die erste Bürgerpflicht«. Letzteres treffen wir an in der auf Egon Krenz gemünzten Parole »Lügen haben kurze Beine. Egon zeig', wie lang sind Deine!«

Auch offizielle Parolen des DDR-Staates, also Elemente der einstigen Sprachrealität, wurden variiert und mit einem neuen Sinne gefüllt: »Je stärker die SED, desto sicherer die Massenflucht« geht auf die Formel »Je stärker die DDR, desto sicherer der Friede« zurück. Oder: »So wie wir heute demonstrieren, werden wir morgen leben« wandelte die Formel »So wie wir heute arbeiten, werden wir morgen leben« ab. Auch den in der DDR so beliebten offiziellen Abkürzungen wurde durch eine neue Füllung der Initialen ein neuer Sinn gegeben: Das »ZK«, eigentlich »Zentralkomitee«, wurde zu »Zirkus Krenz« umgedeutet, die »SED-PDS« zu »Schnelles Ende Der Partei Des Sozialismus«. Als die Vereinigung, der Beitritt der DDR zur Bundesrepublik, anstand, kommentierte man den Vorgang sinnreich als »BRDigung der DDR«.

Die bekannteste Parole, die auf den Montagsdemonstrationen immer wieder skandiert wurde und sich als Ausdruck der Ereignisse vom Oktober/November 1989 längst in die Geschichtsbücher geschrieben hat, lautete:

Wir sind das Volk!

Dieser einfache Satz konnte zweifellos erst vor dem Hintergrund der realen politischen Verhältnisse in der DDR seine Sprengkraft gewinnen, seinen, wenn man so will, revolutionären Sinn. Das Volk der DDR, vierzig Jahre lang nur zum Abzeichnen bereits beschlossener Wahllisten gebraucht und damit zu einer nur passiven politischen Rolle verurteilt, gab in dieser Parole nun seinen Anspruch auf aktives politisches Handeln kund und unterstrich diesen Anspruch durch eine massive körperliche Präsenz auf den Demonstrationen. Auch diese Parole gehört in die Kategorie der Sprachspiele, denn die Sprechsituation der Demonstration, in der sie geäußert wird, verleiht dem Begriff »Volk« eine neue Bedeutung. In der Terminologie der Semiotik ausgedrückt: Das sprachliche Zeichen ›Volk‹ wird hier aufgrund seines Verwendungszusammenhangs neu bestimmt. Das im Signifikat enthaltene Merkmal ›passive politische Rolle‹ wird durch das Merkmal ›aktive politische Rolle‹ ersetzt, sodass eine neue Zeichenbedeutung entsteht. Indem der Signifikant ›Volk‹ in einen bislang ungebräuchlichen außersprachlichen Kontext und sprachlichen Kotext gestellt wird, entsteht ein neues Signifikat. Indem mit dem Signifikanten gespielt wird, wird eine neue Bedeutung des sprachlichen Zeichens erzeugt.

Dass auf derartigen Sprachspielen aufgebaut werden konnte, dass sie also als sprachlicher Ausgangspunkt für weitere Sprachspiele dienen konnten, lässt sich an folgendem Beispiel zeigen. Auf einer Montagsdemonstration, die von dem wiederholten Ruf »Wir sind das Volk!« getragen war, hielt ein Demonstrant ein Schild mit der Aufschrift in die Höhe: »Ich bin Volker!« Der Mann hatte Sinn für Sprachspiele – oder Sprachwitze, je nachdem, wie man die Bedeutung dieser Äußerung lesen möchte. Zwei Lesarten scheinen uns möglich: Die eine wäre, dass der Mann tatsächlich Volker hieß und ausdrücken wollte, man solle angesichts der Betonung des Volkes als Masse nicht das Individuum als Konstituente des Volkes vergessen. Diese Lesart wäre unseres Erachtens als Sprachspiel zu interpretieren, denn das Spiel mit den Signifikanten Kollektivname ›Volk‹ und Eigenname ›Volker‹ erzeugt einen neuen politischen Sinn. Genau diesen neuen politischen Sinn sehen wir für die zweite Lesart nicht: Man könnte Volker als einen zwar regelmäßig gebildeten, ansonsten aber unmöglichen, weil von einen Substantiv abgeleiteten Komparativ zu ›Volk‹ verstehen, für den sich der Sinn konstruieren lässt: ›Ich bin noch mehr Volk als ihr‹. Bei dieser Lesart wäre eher für die Einordnung in die Kategorie ›Sprachwitz‹ zu plädieren. Vermutlich treffen beide Lesarten die Intention und den Sinn, dann läge ein Beispiel für die Konvergenz von Sprachwitz und Sprachspiel vor, oder aber, auch das wäre möglich, keine der Lesarten ist zutreffend, weil es sich um einen reinen Nonsens-Spruch handelt. Das wiederum wäre ein Beispiel für eine von der Linguistik so genannte konversationelle Implikatur, dafür, dass wir jeder sprachlichen Äußerung stets einen Sinn beizulegen versuchen.

Wenn wir genau sind, müssen wir feststellen, dass die Interpretation des Sprachspiels »Wir sind das Volk!« bislang jedoch nicht ganz präzise war. Der Bereich der Sprachrealität, der die offizielle Zeichenverwendung und Zeichenbedeutung regelt, ist nicht erwähnt worden, obgleich das Sprachspiel nur vor dem Hintergrund der Sprachrealität seinen Sinn und seine Funktion als Gegenentwurf entwickeln sollte. Der Begriff »Volk« war in der offiziellen Sprachrealität jedoch gar nicht negativ konnotiert, auch besaß er keineswegs das Merkmal ›passive politische Rolle‹. Im Gegenteil konstruierte die staatlicherseits propagierte Ideologie das aktive Gestalten von Staat und Gesellschaft der DDR gerade durch das Volk. »Alles für das Volk, nichts ohne das Volk«, lautete denn auch ein offizieller Propagandaspruch. So betrachtet ergäbe der Ausspruch »Wir sind das Volk!« keine Reibungspunkte mit der Sprachrealität, also gar keinen Anlass für ein Sprachspiel.

Nun klafften Sprachrealität und gesellschaftlich-politische Wirklichkeit in der DDR bekanntlich auseinander, ein Umstand, der das Hauptmotiv für den Sprachwitz, den Vorläufer des Sprachspiels, ausmachte. Wenn sich Sprachwitze über den Begriff »Volk« finden lassen, in denen die Sprachrealität umgedeutet wird, dann wäre auch das fehlende Bindeglied zwischen Sprachrealität und Sprachspiel gefunden, das die semantische Neubestimmung des Begriffs motivieren könnte. In der Tat gibt es derartige Sprachwitze, beispielsweise in der Auflösung der Abkürzung »VEB« nicht zu »volkseigener Betrieb« sondern zu »volkseigener Beschiss«. Salonfähiger und wohl noch deutlicher aber ist die oftmals als Versprecher getarnte Wortumstellung in dem gerade genannten Propagandaspruch »Alles für das Volk, nichts ohne das Volk«, was ergibt: »Alles ohne das Volk, nichts für das Volk«. Auf der Ebene des Sprachwitzes also wurde bereits die Sprachrealität neu gedeutet, sodass das Sprachspiel aufgrund des doppelten Bezugs zur Sprachrealität und ihrer Korrektur durch den Sprachwitz das Zeichen ›Volk‹ während der Wendezeit mit einem neuen Sinn ausstatten konnte.

Gerade die Parole »Wir sind das Volk!« gab Anlass zu Variationen, in denen sich die Stimmung des Herbstes 1989 und ihr rascher Wandel spiegelt. Bald schon erschienen auf den Transparenten der

Montagsdemonstrationen folgende Sprüche: »Wir sind auch das Volk – PDS«, »Wir sind ein Volk«, »Wir sind vielleicht ein Volk«, »Wir sind ein blödes Volk«. Diese Variationen sind wohl das sprechendste Beispiele für den intertextuellen Charakter vieler Parolen, dafür, dass ein neuer Text auf einen vorhergehenden Bezug nimmt und eine neue Perspektive eröffnet, eine neue Aussage und Sicht der Dinge formuliert.

Ulla Fix hat die Losungen des Herbstes 1989 aus sprachwissenschaftlicher Sicht systematisch untersucht und dabei vor allem auch den Unterschied zwischen den offiziellen Losungen, die von den staatlichen Organen zum 1. Mai herausgegeben wurden, und den Wende-Losungen herausgearbeitet.[7] Am deutlichsten werden die Unterschiede, wenn man ihre Sprachhandlungen in den Blick nimmt, ihre Funktion innerhalb der Kommunikation. Für die offiziellen Mai-Losungen stellt Fix fest: »In den Mai-Losungen dominieren Sprachhandlungen, die der offiziellen, von oben nach unten gerichteten Kommunikation dienen.« Deren Repertoire beschränkte sich auf folgende Sprachhandlungen: AUFRUFEN, FESTSTELLEN / BEHAUPTEN, VERSICHERN, GRÜSSEN / DANKEN, AUFFORDERN.[8] Die Wende-Losungen erweitern dieses Spektrum erheblich. Ulla Fix zählt folgende Sprachhandlungen mit Beispielen auf:

FRAGEN:
Wo ist unser Bürgermeister?
SED, was war das?
Egon, das 8. Weltwunder?

MORALISCHES APPELLIEREN:
Schämt euch was!
Pfui!
Buh!
Honi, reih dich ein, du kannst so schlecht nicht gewesen sein!

DANKEN:
Kirche, wir danken dir.

BESCHIMPFEN:
Harry Tisch, du fauler Wisch! Scheiß SED!
Ihr seid das Letzte!
Perfekte Lügner!

SICH EMOTIONAL ENTLASTEN:
SED, das tut weh!
Dass ich das noch erleben darf!

KONTAKTANNEHMEN / KONTAKTABBRECHEN:
Auf Wiedersehen, ihr roten Brüder, so bald wählen wir euch nicht wieder.

DROHEN:
Wenn die SED nicht geht, gehen wir.

FESTSTELLEN:
Wir sind das Volk!
Wir sind Deutsche!
Wir sind ein Volk!

FORDERN:
Schulreform!
Russisch Wahlfach!
Enteignung des Dietz-Verlages – in Volkes Hand.
Stasi in die Volkswirtschaft.
Schnitzler in den Tagebau.
Schnitzler in die Muppet-Show.
Erich hol die Margot heim.

AUFFORDERN (den Partner):
Schließt euch an!
Keine Stimme der SED.
Enteignet die SED.[9]

An diesem Katalog wird sehr deutlich, dass das Repertoire der Sprachhandlungen während der Wendezeit erheblich erweitert wurde. Neue Sprachhandlungen kamen hinzu wie FRAGEN, MORALISCHES APPELLIEREN, BESCHIMPFEN, SICH EMOTIONAL ENTLASTEN, DROHEN und FORDERN. Alte, bereits zu DDR-Zeiten geübte Sprachhandlungen wie DANKEN, FESTSTELLEN und AUFFORDERN wurden nun ganz anders benutzt: Der Dank richtete sich an die oppositionelle Kirche, die Forderungen betrafen Vertreter des Staates oder der Staatsorgane, die Aufforderungen ergingen an Gleichgesinnte, sich gegen den bisherigen Staat zusammenzuschließen. Insgesamt gesehen lassen die Sprachhandlungen der Wendezeit ›Kritik‹, ›Opposition‹, ›Solidarität‹ und ›politisches Selbstbewusstsein‹ erkennen – allesamt Handlungen, die es zu DDR-Zeiten nicht gegeben hatte, jedenfalls nicht in der Öffentlichkeit. Wenn sie vorhanden waren – und sie waren vorhanden – dann hatten sie einen ihrer Orte im politischen Witz des privat-zwischenmenschlichen Diskurses. Dort war ein großer Teil des kritischen politischen Bewusstseins aufgehoben gewesen, hatte ein zwar verdecktes, aber doch lebendiges Dasein geführt.

Peter von Polenz hat die Wendezeit 1989 in der DDR als eine »Sprachrevolte« bezeichnet,[10] und Wolf Oschlies, einer der besten Kenner osteuropäischer Verhältnisse, gerade auch der Sprach- und Kommunikationsverhältnisse, hat festgestellt, dass die Revolutionen in der DDR, in der Tschechoslowakei, in Rumänien und in Bulgarien »durch die Sprache vorbereitet, ausgelöst, umgesetzt und fortgeführt« worden sind.[11] Es war nur ein kurzes öffentliches Aufblühen von Sprachspielen, nur ein kurzes sprachliches Durchspielen von Vergangenheit, Gegenwart und Zukunft, denn schon bald wurde die ehemalige DDR zur »KOHLonie« – auch dies ein Sprachspiel noch der (späten) Wendezeit – und versank damit in jenes sprachliche Mittelmaß, das die Bundesrepublik schon immer gepflegt hat.

5 Die gesellschaftliche Funktion des politischen Witzes in der DDR

Nicht alle politischen Witze, die in der DDR erzählt wurden, sind auch wirklich dort entstanden, dort geschaffen worden als geistiges Eigentum der Bevölkerung der DDR. Manches existierte schon vorher, in anderen Ländern, zu anderen Zeiten. Immer dann, wenn es möglich ist, politische Zustände oder Einschätzungen der Qualitäten von Politikern in Übereinstimmung zu sehen, können Witze übertragen werden. Sollen sie gut, gelungen sein, dann müssen sie jedoch so umgeformt oder ausgestaltet werden, dass sie nur auf das eigene Land oder auf die eigenen Politiker zu passen scheinen. Sie müssen den Eindruck des Charakteristischen und Unverwechselbaren erwecken. Nicht immer war das bei den in die DDR übertragenen Witzen der Fall, oftmals aber gelang es. Wenn es gelang, dann lag das an zweierlei: daran, dass sich politische Systeme, die der Entstehung von politischen Witzen förderlich sind, offenbar prinzipiell ähneln, und daran, dass Politiker gleichfalls nicht selten bestimmte Eigenschaften aufweisen, durch die sie austauschbar werden. Aufgrund derartiger Gemeinsamkeiten lassen sich auf einer abstrakteren Ebene die Funktionen des politischen Witzes auch allgemeiner bestimmen. Klaus Hansen nennt drei Funktionen:

1. Die politische Funktion *besteht darin, ein bestehendes Staatssystem, seine Politik und Politiker mit der Waffe des Lächerlichmachens anzugreifen. [...] Eine weitere politische Funktion des Witzes ist die flüsterpropagandistische Herstellung von Öffentlichkeit unter den Bedingungen der öffentlichen Repression. In Systemen ohne Meinungsfreiheit ist der Witz ein Medium der unterdrückten Meinung.*
2. Die soziologische Funktion *des Witzes besteht darin, die Aggressoren näher zusammenzurücken. Freud hat darauf hingewiesen, daß Menschen, die über dieselben Witze lachen, eine innere Nähe bekunden. Das heißt*

wohl auch, daß Menschen, die über dieselben Politwitze lachen, sich eine
politisch-ideologische Affinität bestätigen.
3. Die psychologische Funktion des Witzes besteht darin, Unlustgefühle
abzubauen und sich in einem Akt der Prävalenz über Autoritäten zu erhe-
ben, denen man in Wirklichkeit unterlegen ist.[1]

Diese Merkmale – die Herstellung einer Gegenöffentlichkeit, die So-
lidarisierung mit Gleichgesinnten und die Kompensation fehlender
politischer Freiheit und Macht – gelten auch für den politischen
Witz in der DDR. Er bot die Möglichkeit, Partei und Staat zu kritisieren und eine verdeckte Opposition zu bilden, und er war »über-
listeter Schmerz«.[2] Wolfgang Thierse, der den Witz in der DDR aus
eigener Erfahrung kennen muss, hat sein »Funktionsspektrum« folgendermaßen beschrieben:

Der in der DDR so blühende Volkswitz war Resultat einer Zwangslage,
war Produkt jahrzehntelangen Mangels an Mündigkeit, Freizügigkeit,
Wohlstand, und hatte daher viele Funktionen zugleich: er löste die Wut,
bot Trost bei lähmender Aussichtslosigkeit, brachte Farbtupfer ins mono-
tone Grau des Alltagslebens, schaffte spontanen Konsens, fand und ver-
band Gleichgesinnte unter Verhältnissen, die viel Realsatire enthielten.[3]

Thierses Beschreibung bleibt aber noch sehr im Allgemeinen, könnte für den Witz in anderen Diktaturen ebenfalls gelten. Doch da es
neben den Übernahmen und Anpassungen bereits vorhandener Witze auch, und zwar in gehöriger Anzahl, den originären DDR-Witz
sowie den Witz der DDR-Bürgerinnen und -Bürger gab, müsste es
so etwas wie eine Typik des DDR-Witzes geben, etwas Spezifisches,
das gerade ihn als Witz der DDR auszeichnet. Wolf Oschlies, der
nicht nur die Witzkultur in der DDR kennt und ausgiebig gewürdigt
hat, sondern auch die der anderen Länder Osteuropas, liefert hierfür
die folgenden Anhaltspunkte:

Der politische Witz der DDR ist eine (Volks)Kunstform sui generis. Bei all
seiner DDR-Spezifik vereint er doch – in seinen besten Exemplaren – alle
Charakteristika der Witzkultur aus den sozialistischen Bruderländern.
Dieser Witz kann böse sein wie polnischer Witz: Sag mal den Todestag
von Erich Honecker! Wie bitte? Der lebt doch noch! Schau in den Kalen-

der: 10. Juli – erich mühsam erschlagen. *Lakonisch und sprachspielerisch wie ein tschechischer:* Das DDR-Wappen – Hammernich und Zirkel. *Drastisch wie ein bulgarischer:* Was ist der Unterschied zwischen einem Penis und einem Arbeitstag in der sozialistischen Produktion? Der Arbeitstag ist länger – und härter! *Gotteslästerlich wie ein sowjetischer:* Erich Honecker soll zum Generalissimus ernannt werden – unter der Bedingung, daß er das Wort auch aussprechen kann. *Immer aber bleibt ein unverwechselbarer Stallgeruch um ihn – so wird eben nur in der DDR gewitzelt. Und was für den erzählten, pointensicher gestalteten Witz gilt, das findet sich noch mehr bei seinen Halbbrüdern – den unfreiwillig komischen SED-Parolen, den volkstümlichen Toponymen mit politischer Spitze, manchen widerhakigen Liedern der* Singebewegung, *den Anspielungen der Kabarettisten u.a.m. Das ist die DDR, wie sie lebt und lacht, mit den Zähnen knirscht und grinst. Oder genauer: das war sie!*[4]

Was nun genau den »Stallgeruch« ausmacht, ist jedoch auch diesen Ausführungen nicht genau zu entnehmen, es sei denn, man nähme die Summe aller Kennzeichen als spezifisch für den DDR-Witz an: böse, lakonisch und sprachspielerisch, drastisch, gotteslästerlich. Aber nicht jeder Witz vereint diese Kennzeichen.

Die These dieses Buches ist es, dass in dem grundlegenden Merkmal von Witzen überhaupt – nämlich in ihrer Eigenschaft, gestaltete ›Sprache‹ zu sein, die auf eine andere ›Sprache‹ reagiert – das Spezifische und Typische des DDR-Witzes gesehen werden kann.[5] Damit soll nicht behauptet werden, Witzkulturen anderer Länder würden eine solche Eigenschaft nicht auch aufweisen können, aber es soll doch angeregt werden, die gesellschaftliche Funktion des DDR-Witzes einmal fokussierend aus der Perspektive seiner Sprache und der sprachlichen Verhältnisse, unter denen er entstanden ist und Verbreitung fand, zu betrachten.

Vergegenwärtigen wir uns die sprachliche Situation in der DDR einmal aus einem völlig anderen Blickwinkel. Im Jahre 1828 hat der baltische Publizist Carl Gustav Jochmann ein Buch *Ueber die Sprache* geschrieben, in dem er die Auffassung vertrat, dass sich eine Sprache nur ausbilden könne, wenn freie gesellschaftliche Formen und Öffentlichkeit existierten. Das Deutschland seiner Zeit, der Zeit der Restauration, beschrieb er in folgenden Worten:

Das öffentliche Leben der Deutschen geht in Schreibstuben und auf Para-
deplätzen vor; und pflegt man anderswo Aushängeschilder für ziemlich
gute Anzeigen der in einer Gegend einheimischen Verunstaltungen anzu-
sehen, so mögen wir, und vorzugsweise unsere halb- und ganz-amtlichen
und halb- und ganz-undeutschen Regierungs- und Wochenblätter dahin-
rechnen, und aus ihnen lernen, wie der armen Sprache auf den Marter-
bänken unsrer Kanzleien, den Arbeitstischen regierender Geschäftsleute,
alle Gliedmaßen verstümmelt oder aus ihren Fugen gereckt werden, um
sie bald in dictatorischer Kürze aufstampfen und bald in unterthäniger
Breite hinkriechen zu lassen, während Sinn und Klang in beiden Fällen
zu Grunde gehn.[6]

Es ist so abwegig nicht, die sprachlichen Verhältnisse in der DDR in
ganz ähnlicher Weise zu charakterisieren. Die Sprache einer Partei-
und Staatsbürokratie, durchsetzt mit einer militärischen Metaphorik, gab das Grundmuster der offiziellen, der öffentlichen Sprache
ab. Es war eine Art Befehlssprache, deren Sprachhandlungen sich in
der Hauptsache auf das »Grüßen« und das »Fordern« im Sinne von
»Anordnen« beschränkte. Die öffentlichen Kommunikationssitua-
tionen waren stets asymmetrisch: Die einen gaben die Sprache vor,
die anderen hatten keine Wahl, sie mussten in der gleichen Sprache
reagieren. Unter derartigen Bedingungen, so Jochmann, könne sich
keine Sprache bilden: »Herren und Knechte«, schrieb er, »sind selten gute Sprecher.« Und er folgerte weiter: »Besäßen sie auch die
Fähigkeit es zu werden, die Einen wagten, die Andern brauchtes es
nicht zu seyn […].«[7]
So Recht Jochmann einerseits, für die öffentliche Sprache, auch
hat, so sehr wurde sein resignativer Befund andererseits in der DDR
widerlegt. Die dortigen »Knechte« wagten es, sie wurden »gute
Sprecher« – nicht in der Öffentlichkeit zwar, so weit ging und konnte der Mut bei den meisten nicht gehen, aber doch überall dort, wo
die »Herren« nicht anwesend waren, wo ihre Herrschaft nicht hin-
reichte. Im politischen Witz bildete sich eine freie und gute Sprache,
eine nuancenreiche Sprache, die offizielle Schablonen abwarf und
sie zum Gegenstand des Spottes machte.
Herrschaft manifestiert sich durch Gewalt oder durch Sprache –
meistens durch beides. Einer Herrschaft durch Gewalt mit Sprache
zu begegnen, ist nahezu aussichtslos. Aber einer Herrschaft durch

Sprache mit einer Gegensprache zu begegnen, hat Sinn. Auch wenn dadurch noch keine physische Freiheit gewonnen wird, die geistige Freiheit bliebt bewahrt. Schon der politische Witz als solcher ist eine Gegensprache. Tritt er zudem, wie ganz häufig in der DDR, gar als Sprachwitz auf, als ein Witz, der sich an der offiziellen Sprache reibt und eine eigene Sprache dagegen setzt, dann ist er in seiner Funktion noch höher zu schätzen. Er verkörpert dann nämlich ein Bewusstsein, mit dem der Herrschaft nicht nur widerstanden, sondern mit dem sie auch reflektiert und bereits unterwandert, ausgehöhlt wird. Nicht die Tatsache, dass im politischen Witz Repräsentanten des Staates lächerlich gemacht wurden, dürfte die Herrschenden zur Unterdrückung des Witzes veranlassen, sondern das Wissen darum, dass gerade die im Witz zur Geltung und zu ihrem Recht kommende Sprache ein Hort der Freiheit ist, der sich jedem Zugriff entzieht. Der politische Witz ist – in seiner radikalsten Form – nicht nur Opposition, sondern bereits eine geistige Auswanderung.

So schließt Volker Brauns Gedicht *Das gebremste Leben*[8] mit den Versen:

Geh deiner Wege
Weil du es kannst.
Ich weise mich selber aus
An der Grenze

Unseres Witzes
Mit meinem Gelächter
Meiner sträflichen Liebe
Meiner frischen Tat.

6 Politische Witzkultur in der Bundesrepublik Deutschland

Bereits im Titel eines Buches ist die augenscheinliche Tatsache festgehalten, dass die Deutschen mit einem wesentlichen ›Defizit‹ ausgestattet sind: Wir sind ein *Volk ohne Witz*, hat Otto F. Best konstatiert. Für die DDR ist diese Behauptung, denn um eine solche handelt es sich letztlich ja wohl, bereits entkräftet worden. Wie aber stand und steht es mit dem Witz in der Bundesrepublik Deutschland? Auch dort und hier gab und gibt es Witze, selbstverständlich auch politische Witze. Doch Politisches war nie das Zentrum des bundesrepublikanischen Witzes.

Die ›Witzkultur‹ der Bundesrepublikaner bewegt sich in der Hauptsache auf anderen Feldern: auf dem Feld des sexuell Anzüglichen, gelegentlich auch der intellektuellen Lust, meist aber auf dem Feld der nicht gerade schmeichelhaften Charakterisierung von Menschen und Gruppen mit bestimmten Merkmalen.[1] Seien es die Blondinen, Ostfriesen oder Manta-Fahrer, die, glaubt man den Witzen über sie, nicht besonders üppig mit Intelligenz ausgestattet sind, seien es die Bayern, Schwaben oder Sachsen, bei denen meist der Dialekt Gegenstand von Witzen ist, oder seien es Chinesen, Schwarze oder Türken: Stets werden deren Vorzüge (am ehesten werden schwarze Männer, die im Witz meist ja noch als »Neger« bezeichnet werden, gerühmt), meist aber deren Nachteile im Witz herausgestellt – stets werden »Andere«, wird »das Andere in den Anderen«, im Witz herausgestrichen. Das jeweils »Andere«, über das der Witz gemacht wird, dient dann zumeist der Bestätigung von Urteilen, die in aller Regel Vorurteile sind.

Die Tendenz derartiger Witze ist nur manchmal freundlich, meist ist sie feindselig. Witze über andere dienen der Stärkung des eigenen Selbst- und Gruppengefühls, der eigenen Identität. Der Erzähler eines Witzes und sein Hörer lachen gemeinsam über einen Dritten, der in der Erzählsituation – nicht als Person, sondern als mögliche

90

Identifikationsfigur mit jenem Dritten – nicht anwesend sein darf. Selbstkritik findet in solchen Witzen, die man in einem weiten Sinne als »ethnische Witze« bezeichnet, fast nie statt, höchstens ein wenig Selbstironie, beispielsweise wenn Professoren sich Professoren-Witze oder Mediziner sich Mediziner-Witze erzählen. Deshalb sind Witze wie der folgende selten:

> *In Köln hält ein Autofahrer neben einem Türken und fragt: »Wo jeht et denn hier nach Aldi?« Erwidert der Türke: »Zu Aldi«. – Darauf der Kölner: »Wat denn, is et schon halb sieben?«*

Als ein wesentliches Kennzeichen der Witzkultur in der DDR haben wir die kritische Zurechtrückung des offiziellen Bildes der politischen, gesellschaftlichen und wirtschaftlichen Situation ausgemacht und damit zugleich die Funktion, eine Gegenöffentlichkeit zur offiziellen Öffentlichkeit zu bilden. Zu fragen wäre nun, ob politische Witze in der Bundesrepublik ein vergleichbares Kennzeichen aufweisen oder ob ihre Funktion anders gelagert ist.

Auffallend ist, dass politische Witze in der Bundesrepublik meist Witze über Politiker sind, weniger oder kaum über deren Politik oder über Politik überhaupt. »Die Adenauer-Witze«, schreibt Lutz Röhrich, »richteten sich nicht so sehr gegen die Adenauersche Politik, obwohl es genug Opposition gegen sie gegeben hat, sondern fast ausschließlich bezogen sie sich auf Adenauers hohes Alter und seine altersstarre Beharrlichkeit, noch mit über 90 Jahren Bundeskanzler bleiben zu wollen.«[2]

> *Adenauer fragt einen seiner vielen Enkel: »Was willst du denn einmal werden, wenn du groß bist?« – »Ich will Bundeskanzler werden wie du, Opa!« – »Aber wir brauchen doch keine zwei!«*

Auch die Witze über Heinrich Lübke hatten eher einen – ob vermeintlichen oder wirklichen, lassen wir dahingestellt – ›Defekt‹, eine über das vertretbare Maß hinausgehende Unbildung, zum Gegenstand:

> *Lübke kommt in den Himmel, doch der heilige Petrus will ihn nicht hereinlassen. »Kennen Sie mich nicht? Ich bin Lübke!« – »Das kann jeder*

sagen, beweisen Sie das erst einmal!« – »Wie soll ich das denn beweisen?
Jeder sieht doch, dass ich Lübke bin!« – »Nun, neulich war Herbert von
Karajan hier, der hat sich auch ausgewiesen: In kürzester Zeit hat er mit
den Engeln Beethovens Hymne an die Freude einstudiert, … oder gestern,
da war Picasso hier …« – »Entschuldigen Sie«, sagt Lübke, »wer ist Picas-
so?« – Daraufhin Petrus: »Sie können hereinkommen, Sie sind Lübke!«

Röhrich weist im Zusammenhang mit diesem Witz auf etwas Be-
merkenswertes hin: »Auch Politiker werden im Volkswitz typisiert
und auf eine Schablone gebracht.« Das hat zur Folge, dass Witze,
die eine bestimmte Eigenschaft an Politikern hervorheben, ihn als
den »intellektuell etwas unterbelichteten Typus« beispielsweise oder
auch als den selbstherrlichen Typus darstellen, übertragbar sind auf
andere Personen und gar auf andere Länder und Zeiten. Der zitierte
Witz über Lübke existierte in ähnlicher Form auch über den ame-
rikanischen Präsidenten Dwight D. Eisenhower.[3] Sogar ein Witz
über Goebbels, Göring und Hitler war – jedenfalls was die Grundstruktur und Pointe betrifft – offenbar übertragbar, und zwar auf
Charles de Gaulle, wobei vermutlich aber kaum nachzuweisen sein
dürfte, ob zwischen beiden Witzen tatsächlich ein Zusammenhang
besteht:

In der Nazizeit beschließt die Führung, doch auch etwas zur Befriedigung
der religiösen Gruppen zu tun. Man baut dem lieben Gott ein gewaltiges
Denkmal. Bei der feierlichen Enthüllung werden von den Nazigrößen
Kränze niedergelegt. Auf der Kranzschleife von Goebbels steht: »Der dritte
Mann im dritten Reich dem ersten Mann im ersten Reiche!« Görings
Schleife enthält die Aufschrift: »Von Hermann dem Herrgott!« Hitlers
Widmung lautet: »Dem lieben Gott von seinem Führer!«

Madame de Gaulle bittet ihren Mann, zu Weihnachten doch auch der Kir-
che von Colombier etwas Besonderes zu stiften. Und so spendet der Gene-
ral eine Kerze mit der Aufschrift: »Le grand Charles au petit Jesus.«

Auch bei den politischen Witzen in der DDR hatten wir gesehen,
dass derartige Übertragungen vorkommen können. Aber sie scheinen dort doch recht selten gewesen zu sein. Wenn ein DDR-Witz einen Vorläufer hat, dann scheint es – wie im Falle jenes Witzes mit

dem Rätsel, das Helmut Schmidt Erich Honecker aufgibt[4] – eine zusätzliche DDR-typische Variante zu geben, die so spezifisch ist, dass eine erneute Übertragung unmöglich wird.

Das vielleicht ergiebigste Thema bei personenbezogenen Witzen in der Bundesrepublik war Bundeskanzler Helmut Kohl. Über ihn existieren unzählige Witze und die meisten haben, wie auch bei anderen Politikern, bestimmte ›Unzulänglichkeiten‹ – Formationen und Deformationen, Fähigkeiten und Unfähigkeiten – zum Gegenstand. Das bedeutet wiederum, dass auch Kohl-Witze übertragbar sind oder übertragen wurden. Da Helmut Kohl eine derartig prägnante und individuelle Persönlichkeit ist, dürften nicht wenige Witze über ihn jedoch ganz einzigartig auf ihn bezogen sein. Ein paar Beispiele mögen den Typus der Kohl-Witze illustrieren – und ihn, da die Aktualität seit 1998 geschwunden ist – vielleicht wieder in Erinnerung rufen:

Kanzler Kohl fährt nach Österreich in Urlaub. Am Zoll begrüßt ihn der Beamte und erkundigt sich, wohin der Kanzler fährt. »Ich fahre nach Stanton«, sagt der Kanzler. Der Beamte stutzt und wünscht dann eine gute Reise. Im Auto erkundigt sich der Kanzler beim Chauffeur, was denn an seiner Antwort so komisch gewesen sei, woraufhin dieser ihm antwortet: »Ach wissen Sie, Herr Bundeskanzler, in Österreich heißt St. immer Sankt.« Als sie im nächsten Jahr wieder am Zoll vorfahren, fragt der Zöllner wie immer höflich: »Wo geht es dieses Jahr hin, Herr Bundeskanzler?« Der Kanzler, ganz stolz darauf, dass er den Trick mit dem St. nicht vergessen hat, antwortet: »Dieses Jahr fahre ich nach St. Eiermark.«

Es ist dies ein schöner Sprachwitz, dessen Pointe auf der von Helmut Kohl nicht durchschauten Aussprache und Bedeutung des »St« in »St. Anton« und in »Steiermark« beruht. Aber es ist kaum ein politischer Witz, denn er greift nicht den Politiker, sondern die Person Helmut Kohl an. Politisches, das sich an Helmut Kohl festmachen ließe, ist nicht Gegenstand des Witzes. Auch die folgenden Kohl-Witze sind eher Personenwitze. Sie haben vermeintliche sprachliche Probleme Kohls zum Gegenstand.

Nach der Stuttgarter europäischen Konferenz, gleich zu Beginn seiner Kanzlerschaft, bestellte Helmut Kohl für sich und die britische Premier-

ministerin Thatcher Bier. Thatcher wurde ein Guinness gebracht, Kohl ein Pils. Frau Thatcher hob ihr Glas: »To your health!« Kohl überlegte kurz und sagte: »To your dunkels!«

Bill Clinton, Tony Blair und Helmut Kohl fahren gemeinsam in Washington zu einem Besichtigungstermin. Da hat der Fahrer von Bill Clinton einen Auffahrunfall. Alle drei steigen aus. Clinton entschuldigt sich bei dem Fahrer des beschädigten Autos: »I'm sorry.« Darauf Blair: »I'm sorry, too«. Schließlich Helmut Kohl: »I'm sorry, three.«

Helmut Kohl und seine Frau Hannelore sitzen abends zu Hause. Kohl löst ein Kreuzworträtsel, Hannelore strickt. Kohl überlegt angestrengt: »Mmm, jetzt wird's schwierisch … Kanzler der Wiedervereinigung mit vier Buchstabn … Ach, das bin ja isch! I – C – H … Basst net … Wieso basst des jetz net? Des hat nur drei Buchstabn …« – Hannelore: »Aber Helmut, DU bist gemeint!« – Kohl: »Du? D – U … Des basst auch net. Isch brauch ein' mehr, net ein weniger, Hannelore!« – Hannelore: »Aber Helmut, denk doch mal nach! Die meinen DICH!« – Kohl: »Disch? D – I – C – H … Mensch, Hannelore, des basst! Vier Buchstabn. Also Hannelore, wenn isch disch net hätte.«

Eine äußerst miserable Kenntnis des Englischen, die er jedoch kompensieren möchte, wobei er Sinnig-Unsinniges produziert, sowie eine gewisse sprachliche Begriffsstutzigkeit, das fehlende Unterscheidungsvermögen zwischen Personalpronomina und Eigennamen, werden Helmut Kohl hier zugesprochen.

Auch andere Bundeskanzler wurden Opfer und Gegenstand von Witzen, auch diese Witze blieben eher auf die Person bezogen und trafen nicht in erster Linie den Politiker. Über Helmut Schmidt, dem Eitelkeit nachgesagt wird, entstand erst nach seiner Amtszeit folgender Witz:

Helmut Schmidt muss als Zeuge vor Gericht erscheinen. Er wird zur Person befragt: »Name?« – »Schmidt.« – »Vorname?« – »Helmut.« – »Geboren in?« – »Hamburg.« – »Geburtsdatum?« – »23. Dezember 1918.« – »Beruf?« – »Größter Staatsmann des Jahrhunderts.« – Der Gerichtsschreiber zögert und blickt den Vorsitzenden fragend an. Der sieht seine Beisitzer an, überlegt eine Weile, nickt schließlich gönnerhaft und setzt die Zeugenbefragung fort. Zum Schluss der Verhandlung geht Helmut Schmidt

mit Egon Bahr aus dem Saal und fragt: »Na, Egon, wie war ich?« – »Her-
vorragend, Helmut«, sagt Bahr, »klare Worte, präzise Aussagen, ein blen-
dendes Auftreten, nur …« – »Was?« – »Das mit dem größten Staatsmann
des Jahrhunderts, dass du es von dir selbst sagst, das könnten einige
falsch verstehen.« Da schüttelt Helmut Schmidt energisch den Kopf und
antwortet: »Was sollte ich denn machen, Egon? Ich stand schließlich un-
ter Eid …«[5]

Klaus Hansen hat mit seinem Buch *Das kleine Nein im großen Ja*
die bislang umfassendste Darstellung des politischen Witzes in der
Bundesrepublik gegeben. Sein weitgehend chronologischer Durchgang durch die Zeit bis 1990 zeigt zumeist recht harmlose politische
Aussagen, nur wenig politische Schärfe. Auffällig ist eigentlich nur
ein Abschnitt – kurz, aber dafür heftig: Um die Jahreswende 1973/74
gab es eine Fülle von politischen Witzen mit einer außergewöhnli-
chen Aggressivität, einer Aggressivität, die sich, so Hansens Eintei-
lung, gegen die SPD und die Bundesregierung, gegen Bundeskanzler
Willy Brandt und gegen Brandt und/oder Wehner richteten.[6] Einige
Beispiele müssen zitiert werden:

Zwei Brieftaubenzüchter unterhalten sich. Fragt der eine: »Was wählen
deine Tauben eigentlich?« Antwort: »SPD.« Frage: »Woher weißt du
das?« Antwort: »Ist doch klar, wenn sie unten sind, fressen sie dir aus der
Hand, wenn sie oben sind, scheißen sie dir auf den Kopf.«

Warum hebt die Bundesregierung die Geschwindigkeitsbegrenzung nicht
auf? Damit es nicht noch schneller bergab geht.

Brandt geht mit einer weißen Ziege im Bayerischen Wald spazieren.
Kommt ein Bauer vorbei und fragt: »Wo willst du denn mit dem roten
Hund hin?« Sagt Brandt: »Da ist eine weiße Ziege und kein roter Hund.«
Sagt der Bauer zu Brandt: »Wer redet denn mit dir?«

Ein Bauer beklagt sich bei einem Nachbarn über die schlechten Verhält-
nisse in der Bundesrepublik und meint, es wäre schön, wenn man es so
gut hätte wie der Bundeskanzler Frahm, alias Brandt. Der habe 10 000
Mark im Monat, Spesen, Auto, Flugzeug und 300 000 Schwedenkronen
für den Friedensnobelpreis. »Das kannst du auch haben«, entgegnet der
Nachbar, »du musst nur dein Land verkaufen!«

Wann ist die Bundesrepublik wieder in Ordnung? Wenn Bundeskanzler
Strauß am Grab von Willy Brandt die Witwe Herbert Wehners fragt: »Wer
hat denn eigentlich Egon Bahr erschossen?«

Brandt und Wehner philosophieren im Flugzeug. Brandt sagt tiefgründig:
»Wenn ich jetzt einen Hundertmarkschein abwerfe, freut sich wenigstens
einmal ein Bundesbürger.« Wehner: »Schmeiß doch zehn Zehner runter,
da freuen sich gleich zehn Leute.« Ruft der Pilot: »Gleich schmeiß ich
euch rote Lumpen raus, da freuen sich fünfzig Millionen.«

Bis zu einem gewissen Grade sind auch diese Witze Personenwitze.
Aber sie machen nicht irgendein Charakteristikum, ein ›Gebrechen‹
oder eine nachteilige Eigenschaft der Person, insbesondere Brandts
und Wehners, zum Thema, sondern deren politische Gesinnung,
besser: ein (Vor-)Urteil über deren Gesinnung. Hansen erklärt die
in diesen Witzen zum Ausdruck kommenden »Ressentiments« mit
der politischen Kultur des Antikommunismus, die zur Gründungs-
ideologie der Bundesrepublik gehört«.[7] Es ist der »rote Hund«, der
›Landesverräter‹, es sind die »roten Lumpen«, als die Brandt und
andere SPD-Politiker in dieser Zeit beschimpft werden. In diesen
Zuweisungen und in den dazugehörigen Witzen drückt sich eine
Stimmung nicht gegen den Staat, aber gegen die Regierung und ihre
Vertreter aus, wie man sie durchaus auch in der DDR antraf – mit
dem einen nicht ganz unerheblichen Unterschied allerdings, dass
diese Form von Kritik in der Bundesrepublik gefahrlos geäußert
werden konnte.

Gleichwohl wurden die Anti-Brandt-Witze Anfang 1974 zum Gegenstand der öffentlichen Diskussion – in den Medien zunächst,
dann sogar im Bundestag. Im sozialdemokratischen *Vorwärts*
schrieb Joachim Besser einen Artikel mit der Überschrift *Wo der*
Spaß aufhört. Totschlagmentalität nach dem Muster alter Hitler-
Witze.[8] Zugleich abgedruckt wurden eine Reihe damals kursieren-
der, durchaus regierungskritischer Witze, nicht jedoch die von
Besser sogenannten »Totschlagwitze«:

Was der Vorwärts aber nicht druckt, das sind jene giftigen Totschlagwitze,
die mit Sicherheit nicht im Volk entstehen, sondern in den Propagan-
dazentralen der rechten und faschistischen Cliquen. Das Muster dieser

Witze ist dem Antifaschismus der Hitlerzeit geschickt entlehnt. Damals
wäre es wirklich eine Rettung für Deutschland gewesen, wenn Hitler, Gö-
ring oder Goebbels rechtzeitig umgekommen wären. Darum spiegelten all
diese Witze im Dritten Reich eine Wirklichkeit vor, in der die Führer des
Dritten Reiches umgekommen waren, damit endlich Platz für eine demo-
kratische Regierung wurde.«

Derartige Witze aber in einem demokratischen Staat zu machen, so
Besser weiter, sei

»eine wohl produzierte politische Infamie. Einem Diktator den Tod zu
wünschen ist ja wohl etwas anderes als einem demokratischen, gewählten
Kanzler, einem Träger des Friedens-Nobelpreises, das gleiche Schicksal
bereiten zu wollen.«[9]

Auch wenn man zugesteht, dass in dieser Position eine gehörige
Portion Parteipolitik enthalten ist, die letztlich auf den in Folge der
Ostpolitik Brandts aufgerissenen tiefen Graben zwischen »Rechts«
und »Links« reagiert, wird man den Witzen über Willy Brandt und
seine Regierung eine reichliche Geschmacklosigkeit nicht abspre-
chen können. Kabarettisten wie Dieter Hildebrandt und Werner
Schneyder wandten sich scharf gegen diese Form von Witzen. Sie
reflektierten die Aufgaben und Möglichkeiten der Satire und zogen
deren Grenzen dort, wo sie antidemokratisch wurde, wo sie die Moral vergaß.[10] Doch Hansen hebt mit Recht hervor, dass zwischen Satire und Witz ein Unterschied besteht:

Die Satire ist eine Literatur- und Bühnenform, mit allen Veredelungs-
absichten des Menschen, die wir aus der Kunstgeschichte kennen. Der
Witz ist ein Element des informellen Alltagsgesprächs, weder Buch noch
Bühne sind sein Biotop. Der Witz unterliegt keiner Moral. Er hat so viel
oder so wenig Moral wie sein Erzähler. Er entblödet sich in dem Maße,
wie sein Erzähler sich zu entblöden bereit ist. Nicht die Satire, der gemeine
Volkswitz darf in der Tat ›alles‹. Der Witz ist ein Ventil auch für niederste
Motive, für Häme und Gehässigkeit – eine wahrer Spiegel der Volkssee-
le.[11]

Vielleicht ist es – jedenfalls in einem demokratischen Staat, der keine Zensur kennt – nicht so sehr die Frage, *ob* Witze alles dürfen.

Wichtiger scheint die Feststellung, *was* Witze alles machen. Wenn sie, wie im Falle der Anti-Willy-Brandt-Witze, Geschmack, Moral und Demokratieverständnis vermissen lassen, dann ist das ein Symptom. Die Wissenschaften haben dieses Symptom, wenn es denn ein Ausdruck der »Volksseele« ist, zu deuten und sie haben – jedenfalls nach unserer Ansicht – auch die Aufgabe, ihre Deutung in der Öffentlichkeit bekannt zu machen und Stellung zu nehmen. Ob davon jedoch tatsächlich eine Wirkung ausgeht, erscheint zweifelhaft. Ob es nachhaltig mehr Wirkung hat, wenn man als Hörer derartiger Witze dem Erzähler sein Missfallen kundtut und ihn mit rationalen Argumenten zu ›political correctness‹ anhält, ist ebenfalls fraglich. Doch sehr viel mehr Möglichkeiten dürfte es in einer demokratischen Gesellschaft nicht geben, Urteil und Vorurteil kritisch zu prüfen. Alles andere wäre Diktatur, und die würde, wie wir gesehen haben, zur Produktion neuer, anderer Witze Anlass geben.

Auch wenn wir die Witze über Willy Brandt und seine Regierung als tatsächlich politische Witze und nicht als Personenwitze über Politiker einstufen, bleibt Folgendes festzuhalten: Diesen Witzen liegen Ängste (insbesondere die Angst vor einem Sozialismus oder dem Kommunismus) zugrunde und sie formulieren Vorurteile, indem sie auf einer abstrakten Ebene politisch polarisieren. Nichts anderes hat letztlich ja auch der Wahlslogan der CDU/CSU von 1976 getan: »Freiheit oder Sozialismus«. Was diese politischen Witze nicht leisten, ist eine wie auch immer geartete Auseinandersetzung mit der politischen und gesellschaftlichen Wirklichkeit. Ein Versuch, das Verhältnis zwischen offizieller, hier also regierungsseitiger Darstellung der Wirklichkeit und der vom ›Volk‹ empfundenen Wirklichkeit kritisch zu reflektieren und zu korrigieren, ist nicht festzustellen. Insofern sind diese Witze auch keine politischen Sprachwitze, denn sie reiben sich nicht an der ›Sprachrealität‹.

Nach dieser kurzen Phase des politisch polarisierenden Witzes verschwand die Politik wieder aus den Witzen und Personen wurden erneut in den Mittelpunkt gerückt. Helmut Kohl gab, wie wir sahen, eine dankbare Zielscheibe ab. Dagegen ist Gerhard Schröder bislang weit weniger ein Opfer des politischen Personenwitzes. Wenn doch, dann wird beispielsweise seine Lebensführung – wie auch die von Oskar Lafontaine – zum Gegenstand des Witzes:

Lafontaine und Schröder dürfen nicht mehr zusammen fliegen: Bei einem
Absturz müssten gleich sieben Witwen versorgt werden.

Klaus Hansen hat den politischen Witz in der Bundesrepublik systematisiert. Er unterscheidet zwei Gruppen, den ›politischen Sachwitz‹ und den ›politischen Personenwitz‹. Ein politischer Sprachwitz ist hier nicht auszumachen. Auch der politische Sachwitz, der
politische Themen oder Ansichten, politisches Handeln oder Konstellationen in den Mittelpunkt stellt, ist verhältnismäßig selten.
Zwei Beispiele aus dem Jahre 1976 mögen den Sachwitz verdeutlichen:

> *Was geschieht, wenn die CDU/CSU die Wahl gewinnt? Rapid Wien wird*
> *Deutscher Fußballmeister.*
>
> *Was geschieht, wenn die SPD die Wahl gewinnt? Benzin wird teurer. Um*
> *wieviel? Fünf Kopeken pro Liter.*

Deutlich wird an diesen Witzen wiederum die Lagerbildung, eben
eine Form von Polarisierung und, was die inhaltliche Aussage angeht, der Schematisierung.[12]

Fassen wir die Beobachtung zum politischen Witz in der Bundesrepublik zusammen. Bereits Lutz Röhrich hat 1977 festgestellt:

> *Obwohl wir täglich Politiker des In- und Auslandes in witzigen und origi*
> *nellen Karikaturen sehen, die sich auf die Tagespolitik beziehen, kann*
> *man behaupten, dass es in Westdeutschland derzeit so gut wie keine poli*
> *tischen Witze gibt. Soll man das bedauern? Ich glaube nicht. Seien wir*
> *froh, dass unsere Gegenwart andere Formen der Bewältigung politischer*
> *Probleme und Missstände hat als durch den Witz hinter vorgehaltener*
> *Hand.*[13]

Mit einem etwas anderen Verständnis von ›politischer Witz‹ konstatiert 1990 Klaus Hansen: »Der politische Witz in der Demokratie ist
mehr Unterhaltungs- als Oppositions- oder gar Widerstandsmedium.«[14] Was ist aus diesen Feststellungen zu schließen? Offenbar
Folgendes: Gute Zeiten für den politischen Witz sind schlechte Zeiten für die Demokratie, und gute Zeiten für die Demokratie sind
schlechte Zeiten für den politischen Witz.

7 Der politische Witz als Ausdruck von Sprachkultur

In seinem Beitrag *Zur Phänomenologie und Soziologie des politischen Witzes in Osteuropa* hat Jörg K. Hoensch festgestellt:

> Geht man den Standardformen des Witzes nach, so wirken etwa 70%
> durch das Wortspiel oder die Wortassoziation und sind somit nur schwer
> zu übersetzen, da ihre Entfaltung auf rein sprachliche Momente zurück-
> geht. Zur Kategorie des Wortwitzes gehören die Buchstaben- und Wort-
> spielereien, das Paradoxon und Oxymoron, kindliche Abzählreime mit
> politischen Tendenzen, ferner publizistisch wirksame Abwandlungen
> klassischer Balladen oder bekannter Kinderverse. Travestie und Parodie,
> die Darstellung des Erhabenen in Worten und Wendungen, die einer nied-
> rigeren Sphäre angehören, bzw. umgekehrt die Aufwertung des Niedrigen
> oder Trivialen zu einer Pseudo-Ehrwürdigkeit durch die Einkleidung in ei-
> ne dem Bedeutsamen zugehörige sprachliche Form, nehmen hierbei einen
> breiten Raum ein. Diese Wortwitze sind in ihrer Konstruktion einfach
> und für jedermann verständlich, wie ja auch Einfachheit und Wieder-
> holung der Losungen als Kriterien wirksamer Propaganda gelten.[1]

Auch für die DDR lässt sich diese Beschreibung bestätigen. Im politischen Witz werden zur Erzeugung der Pointe alle erdenklichen
sprachlichen Register gezogen, von allen Eigenheiten, Kennzeichen
und Möglichkeiten der Sprache wird Gebrauch gemacht. Es zeigt
sich eine sprachliche Kreativität, die man sonst – auf andere Weise
selbstverständlich – vielleicht nur bei Kindern und Schriftstellern
findet. In seiner Untersuchung über den *Flüsterwitz im Dritten
Reich* hat Hans-Jochen Gamm folgende allgemeine Feststellung getroffen: »Der Witz ist das letzte freie Spiel des Individuums, das der
Staat nicht ›gleichschalten‹ kann und das er darum fürchtet und
hasst. Im Witz leuchtet der beharrende Anspruch des Menschen im

absolut gesetzten politischen Gebilde auf.«[2] Dieses »letzte freie Spiel des Individuums« ist das Spiel mit der Sprache. Solange der Mensch noch mit seiner Sprache »spielt«, bleibt er, wenigstens geistig, frei, solange er noch Wörter hat, die sich von dem offiziell Verlautbarten unterscheiden, vermag er auch noch etwas anderes zu denken als das, was ihm der totalitäre Staat vorschreibt.

Zum Glück ist die Sprache auch noch etwas anderes als nur das, was uns die offizielle Sprachwissenschaft glauben macht und zu denken und zu verbreiten tunlichst nahe legt, nämlich nur ein System gegenwärtiger Geltung. Wäre sie das, nur das, dann hätten totalitäre Machthaber zumindest eine Chance. Aber die Sprache ist mehr als nur eine synchron zu betrachtende Struktur. Sie ist auch ein Gefäß der Erinnerung, der individuellen wie der kollektiven, ein Ort, an dem Geschichte aufbewahrt ist, und sie eröffnet die Möglichkeit, alles auch ganz anders zu sagen, als es üblicherweise gesagt wird, die Möglichkeit zur Sprachkritik also.

Ein totalitärer Staat versucht, das hat George Orwell in seinem Roman *1984* anschaulich gemacht, eine Sprache ohne Geschichte, ein konstruiertes, künstliches Gebilde durchzusetzen. Sie wäre ein leeres Gefäß, in das jene, die über die Menschen und damit auch über deren Sprache herrschen, die Inhalte, die Bedeutungen, ganz nach Bedarf und Gutdünken gießen könnten. In einer solchen Sprache wäre ein Erinnern nicht mehr möglich, höchstens noch in den Bildern dessen, was man selbst erlebt hat. Nur die rein bildliche Erinnerung würde kaum mehr ein Lernen, einen Erkenntnisfortschritt, ein individuelles Denken und Ausdenken von Möglichkeiten erlauben. Dem Menschen bliebe als einziges ein instinktmäßiges Agieren. Genau darauf aber, auf dem Unvermögen der Menschen, sich andere, bessere Lebensumstände vorstellen zu können, basiert totalitäre Politik.

Solange der Mensch eine Sprache hat, in der er mit den Zeichen spielen kann, in der er Zeichen gegen Zeichen setzen, Sprache gegen Sprache wenden kann, ist er dem totalitären Diktat noch nicht ausgeliefert. Totalitäre Sprachen sind arm,[3] sind gestanzt, normiert, festgelegt auf eine Bedeutung: schwarz und weiß, gut und böse, Freund und Feind. Sprachkritik macht diese Festlegungen nicht mit. Sie vermag nicht nur zu zeigen, dass sich alles auch anders *sagen* lässt, sondern dass alles auch ganz anders *sein* könnte. Der politische Witz basiert auf einer solchen Sprachkritik, ist zugleich ihr Ausdruck und ihre Anwendung.

Während es in der DDR und in der Wendezeit eine Fülle politischer Witze und Sprachspiele gegeben hat, blieb die Bundesrepublik erstaunlich arm an dieser Form von Sprachkritik. Wie lässt sich diese Beobachtung hinsichtlich des Zusammenhangs von Sprache und Politik deuten? Auf welche Weise sind Sprache und Gesellschaftsformen miteinander verbunden? Haben die unterschiedlichen Gesellschaftsformen auch unterschiedliche Formen von Sprachkritik hervorgebracht?

In der DDR und in der Bundesrepublik wurden nach 1949 unterschiedliche politische und gesellschaftliche Systeme etabliert, was auf lexikalischer, semantischer, stilistischer und, eingeschränkt, syntaktischer Ebene zu einigen sprachlichen Eigenheiten in jedem der beiden Länder führte.[4] Wichtiger als diese die Spracheinheit nicht ernstlich gefährdenden ost- bzw. westtypischen Ausprägungen erscheint der Umstand, dass mit den unterschiedlichen politischen Systemen in der DDR und in der Bundesrepublik auch unterschiedliche Kommunikationsbedingungen und Kommunikationsformen korrespondierten. Während in der Bundesrepublik prinzipiell – Ausnahmen bestätigen bekanntlich die Regel – ein auf freier Meinungsäußerung und Öffentlichkeit, d.h. freiem Zugang zu allen Meinungen, basierendes Kommunikationssystem eingerichtet wurde, in dem Zensur nicht stattfindet und die Presse frei ist, wurde in der DDR jede Veröffentlichung vorzensiert, wurden durch das »Ministerium für Agitation und Propaganda« offizielle Sprachregelungen mit dem Anspruch auf Verbindlichkeit getroffen, und es gab zudem in der DDR ein engmaschiges Netz der Überwachung des nichtöffentlichen Verhaltens, auch und vor allem des Sprachverhaltens der Bürger.[5]

Aufgrund der staatlicherseits kontrollierten Kommunikationsbedingungen im öffentlichen Bereich konnten in der DDR offizielle Sprachregelungen getroffen und auch durchgesetzt werden. Insofern beherrschte *eine* Form von Sprachrealität die öffentlichen politischen Äußerungen. Die öffentlichen Kommunikationsformen waren weitgehend auf die Rezeption und Reproduktion der Sprachrealität eingeschränkt. Eine Möglichkeit, die Sprachrealität in einem öffentlichen Diskurs kritisch zu überprüfen und in Frage zu stellen, bestand nicht.

In der Bundesrepublik dagegen waren – und sind – die Kommunikationsbedingungen nicht einseitig gelenkt, es herrscht – hier muss bewusst idealisierend pointiert werden – Pluralität. Aufgrund dieser Pluralität entwickelt sich hier eine Sprachrealität nicht aus offiziell getroffenen Sprachregelungen, sondern aus dem politischen Meinungsaustausch, aus dem Kampf um das Besetzen von Begriffen.[6] Die Kommunikationsformen sind dementsprechend auch nicht auf bloße Rezeption und Reproduktion einer Sprachrealität beschränkt, die Sprachrealität kann vielmehr jederzeit öffentlich in Frage gestellt werden. Genau in diesen unterschiedlichen Bedingungen der Kommunikation ist der Grund dafür zu sehen, dass in der DDR Sprachwitze als Formen der Zurechtrückung des Verhältnisses von Sprachrealität und gesellschaftlicher Realität sowie Sprachspiele als Entwurf einer neuen sprach- und gesellschaftlichen Realität entstanden sind, in der Bundesrepublik dagegen nicht oder kaum.

Uwe Pörksen hat 1989 einen Satz Erhard Epplers zum Ausgangspunkt für Reflexionen über Politik und Sprache als literarische Form genommen: »Unsere politische Sprache«, hatte Eppler geschrieben, »ist leer und bewegt fast nichts mehr.«[7] Pörksen konstatierte, dass in der Bundesrepublik »eine Selbständigkeit des Politischen« fehle und dass es analog »an einer selbständigen politischen Sprache und an wirksamen Formen politisch-moralischer Reflexion« mangele.[8] Er vermisste Gattungen der Metapolitik, das Portrait, die Gedenkrede, die Polemik und Kontroverse, die Glosse, die Streitschrift, den Essay. Derartiges hatte auch die DDR nicht zu bieten, und wenn doch, dann verbannte sie es, wie beispielsweise in Gestalt von Wolf Biermann und seinen Texten, so weit wie möglich aus ihrem Wahrnehmungs- und Wirkungsbereich. Aber es gab den Sprachwitz und später das Sprachspiel, in denen sich Politik als Sprache und Form, als Reflexions- und Gegensprache, kristallisierte, in denen das Verhältnis von politischer Realität und Sprachrealität zurechtgerückt und neu bestimmt wurde.

Müssen wir aus dieser Beobachtung den Schluss ziehen, dass die pluralistischen Kommunikationsbedingungen in der Bundesrepublik die politische Sprache gegenstandslos und damit kaum kritisierbar machen, während die Kommunikationsbedingungen in der

DDR durch ihre normierte Sprachrealität das Sprachbewusstsein gefördert und damit erst die Bedingungen für Gegenentwürfe geliefert haben? Hat Alexis de Tocqueville Recht, wenn er in seinem Werk *Über die Demokratie in Amerika* von 1835/40 für die politische Sprache in Demokratien die Gefahr von Abstraktionen konstatiert, denen man kaum begegnen kann, weil sie den Konsens schon vor jeder Prädikation hergestellt haben, sodass Widerspruch unmöglich wird, während Diktaturen sprachlich stets angreifbar sind, weil in ihnen immer ein Missverhältnis von Wirklichkeit und Sprache existiert?[9] Ist, nicht prinzipiell, aber von seinem Gebrauch her betrachtet, das sprachliche Zeichen nur dann kritisierbar, wenn es genormt ist, nicht aber, wenn das Verhältnis seiner beiden Seiten je nach Bedarf neu bestimmt werden kann, sodass die hinter den Zeichen stehende Wirklichkeit nicht mehr deutlich erkennbar ist? Es scheint, als führten diese Fragen auf eine richtige Spur.

In der DDR gab es – unterhalb der offiziellen, realitätsfernen und in Gestalt des Stasi-Jargons gar unmenschlichen Sprache – eine ausgeprägte Witzkultur, der ein reflektierender und reflektierter Umgang mit Sprache zugrunde lag. Ein Verhältnis zur Sprache, das den Sprachgebrauch anderer kritisch und den eigenen Sprachgebrauch selbstkritisch reflektiert, das sich dabei der ›Macht der Sprache‹ ebenso bewusst wird wie der ›Machtausübung durch Sprache‹, bezeichnen wir als »Sprachkultur«. Der politische Witz in der DDR ist Ausdruck einer solchen Sprachkultur, umgekehrt drückt sich die Sprachkultur im politischen Witz aus. Diese Sprachkultur, in die Sprachkritik als ein wesentliches Moment eingebunden ist, hat sich als eine Gegensprache gegen die herrschende, offizielle Sprache gebildet. Ihre gesellschaftliche Funktion ist die einer Gegenöffentlichkeit.

Dieser Befund drängt noch einmal die Frage auf, ob Sprachkultur sich nur als Gegenkultur bilden und entwickeln kann. Ist in der Bundesrepublik eine solche Sprachkultur gar nicht vorhanden? Und ist sie deshalb nicht vorhanden, weil eine pluralistische Gesellschaft keine Gegenkultur braucht, weil im Pluralismus die Gegensätze offen innerhalb der Gesellschaft ausgetragen werden können und auch tatsächlich ausgetragen werden?

Erhard Eppler hat in seinem Buch *Kavalleriepferde beim Hornsignal. Die Krise der Politik im Spiegel der Sprache* festgestellt, dass die politische Sprache in der Bundesrepublik deshalb nichts mehr bewegt, weil sie »zu abstrakt, zu sehr in Klischees erstarrt ist, als dass sie einer vielschichtigen, riskanten Wirklichkeit noch gerecht werden könnte«. »Die Kraftlosigkeit der Sprache«, schreibt er weiter, »spiegelt sehr wohl die Hilflosigkeit der Politik, aber sie macht die Politiker zugleich auch hilfloser, als sie sein müssten. Unsere politische Sprache erzwingt zwar nicht den politischen Leerlauf, aber sie begünstigt Politik ohne Inhalte und Ziele, politics without policy.«[10]

Wenn Epplers Befund richtig ist und wir für die Bundesrepublik eine ›Hilflosigkeit der Politik‹ und eine zum ›Klischee erstarrte politische Sprache‹ zu konstatieren haben, wenn wir weiterhin feststellen müssen, dass es kaum eine Reflexion dieser politischen Hilflosigkeit, keine Metapolitik, gibt, und auch kaum eine ›Gegensprache‹ und eine reflexive politische Sprachkritik, dann könnte doch Anlass zur Sorge gegeben sein.[11] Eine Demokratie lebt grundsätzlich davon, dass Gegensätze – und Gegensätze sind und müssen stets vorhanden sein, denn sonst gäbe es politischen Stillstand und bloße Verwaltung der bestehenden Verhältnisse – öffentlich und sprachlich, in Diskussionen, ausgetragen werden und Mehrheiten schließlich entscheiden. Derartige Gegensätze aber scheint es immer weniger zu geben, immer mehr strebt die Politik zu einer »Mitte«, die Konsens verheißt, bevor überhaupt ›diskutiert‹ wurde. Die Sprache hat daran einen Anteil – es sind abstrakte Klischees, mit denen der Konsens hergestellt und verbreitet wird. Im Zeitalter der ungehemmten Öffentlichkeit bedient sich die Politik des Mittels, alle in einer gemeinsamen Sprache zusammenzuschließen, einer Sprache, die demokratisch scheint, letztlich aber ›diktatorisch‹ wirkt, weil sie Gegensätze verschleiert oder gar nicht erst aufkommen lässt.[12] Politik bedient sich heutzutage zunehmend der Mittel von Werbesprache, arbeitet mit inhaltsleeren Slogans, deren Verpackung blendet und verblendet. Politik und ihre Sprache ist zu einer Ware geworden, die für Wählerstimmen verkauft wird. Ihr eigentlicher Zweck, nämlich Handlungsmöglichkeiten auszuloten und Orientierungen zu suchen und anzubieten, ist kaum mehr erkennbar. Wo aber kann sich dann noch Sprachkultur ausbilden?

Für die Sprachkritik, die eine lange, bis in die griechische Antike zurückreichende Tradition aufweist, gilt der Satz, dass die Sprache ein Spiegel der Gesellschaft sei. Die Metapher vom Spiegel legt nahe, dass die Gesellschaft das aktive, lebendige, bestimmende Moment ist und der sprachliche Spiegel lediglich dasjenige zurückwirft, was sich vor ihn stellt und in ihn hineinblickt. Einerseits ist das richtig: Wissenschaftliche Sprachanalyse und Sprachkritik sind Möglichkeiten, gesellschaftliche Zustände und Veränderungen wahrzunehmen und zu reflektieren. Andererseits aber ist die Sprache nicht nur passiv. Die Sprache lebt durch ihren Gebrauch – wie die Gesellschaft existiert durch die Menschen, die sie bilden und in ihr leben und handeln. Der Mensch, jeder Mensch, ist ein Bindeglied zwischen Sprache und Gesellschaft. Er spricht, und im Sprechen vermag er sich und die Gesellschaft, in der er lebt, zu reflektieren und dann zu bestätigen oder aber den Versuch einer ›Korrektur‹ zu unternehmen. Alles kommt darauf an, den eigenen Sprachgebrauch und den der anderen als lediglich nur *eine* Möglichkeit zu erkennen, etwas zu sagen, die Wirklichkeit in Worte zu fassen. Jeder Versuch, eben dieses *anders* zu sagen, eröffnet die Chance, etwas auch anders zu ›sehen‹, die Wirklichkeit anders wahrzunehmen. Ein reflektierter und kritischer Gebrauch der Sprache ist eine Bedingung der Möglichkeit, gesellschaftliche Verhältnisse zu durchschauen und auf sie einzuwirken. Diese Möglichkeit zu nutzen, sollte eigentlich in einer demokratischen Gesellschaft selbstverständlich sein. So entstünde – ganz nebenbei – auch Sprachkultur.

Eine solche Sprachkultur würde auch in einer Demokratie gute politische Witze hervorbringen können, Witze, in denen politische Entscheidungen gespiegelt werden und die politische Sprache auf den Prüfstand gestellt wird. Sie wären ein Beitrag zu einer politischen Sprachkultur, die sich aber – zum Glück – nicht in einer Witzkultur erschöpfen würde.

Nachwort

»In einem Land leben, wo es keinen Humor gibt, ist unerträglich, aber noch unerträglicher ist es in einem Land, wo man Humor braucht.« Diesen oft zitierten Satz spricht Ziffel in Bertolt Brechts *Flüchtlingsgesprächen*. Weniger oft zitiert wird die anschließende Bemerkung von Kalle: »Wenn meine Mutter nichts gehabt hat, keine Butter, hat sie uns Humor aufs Brot gestrichen. Er schmeckt nicht schlecht, sättigt aber nicht.«[1]

So wie Humor nicht satt macht, verändern politische Witze auch nicht die Wirklichkeit. Dennoch sind sie ein nicht wegzudenkender, nicht und von niemandem auslöschbarer Bestandteil totalitärer Staaten und unfreier Gesellschaften. »Jeder Witz ist eine winzige Revolution«, hat George Orwell geschrieben.[2] Aber der Witz ist eine Revolution, die nur in den Köpfen der Unterdrückten stattfindet, eine Revolution, die noch kein politisches Handeln ist, wenngleich sie von politischem Denken und Bewusstsein zeugt.

Politisch handeln lässt sich erst, wenn bestimmte andere – außersprachliche – Bedingungen gegeben sind: die Kalkulierbarkeit der Gewalt, das Wissen um die eigene Stärke und ihre Organisation oder aber die Bereitschaft, im äußersten Falle gar den eigenen Tod in Kauf zu nehmen. Dennoch setzt politisches Handeln notwendigerweise ein politisches Bewusstsein voraus, ein Bewusstsein von den Gegebenheiten, unter denen man leben muss, und ein Bewusstsein von den Zielen, die man verfolgt. Im politischen Witz ist dieses Bewusstsein aufgehoben, in ihm artikuliert es sich, ist es ausgeformt zum Zwecke der Schaffung und Verbreitung, wird es ›transportabel‹ gemacht. Man wird es weder beweisen noch widerlegen können, aber wäre es nicht möglich, dass die »friedliche Revolution« in der DDR deswegen friedlich war, weil so viele Menschen ein politisches Bewusstsein besaßen? Könnte es nicht sein, dass der im politischen Witz der DDR aufscheinende bewusste Umgang mit Sprache, der bewusstmachende wie auch der selbstbewusste, jene Revolution mit vorbereitet und mit ausgelöst hat? Doch selbst wenn es nicht so war, wenn diese Fragen eine allzu optimistische Verklärung geschichtlicher Ereignisse und ihrer Ursachen enthalten sollten, festzustellen bleibt: Geschadet hat der Witz auch nicht.

Nicht erst seit fünfzig Jahren, seit der Existenz des ersten sozialistischen Staates im deutschen Sprachraum, wissen wir: Je bedrückender die Wirklichkeit, umso besser der politische Witz. Vielleicht sind politische Witze, solange sie als Opposition real existieren, viel zu ernst, als dass man über sie lachen kann.[3] Natürlich ist es besser, ›ich bin frei‹ sagen zu können, ›als ich lache mich frei‹ sagen zu müssen. Aber wer ist schon wirklich frei, wer muss nicht auch manchmal lachen, wer braucht nicht das Lachen, um im Leben bestehen, es aushalten zu können? Die Brechtsche Alternative ist grausam, weil ohne Ausweg. Beides ist schlecht, ein Land ohne Humor und ein Land, in dem man Humor braucht. Aber Letzteres ist noch ein wenig schlechter, unerträglicher. Also wünschen wir uns niemals – weder politische noch sonstige – Zustände, in denen man Humor *braucht*. Aber wünschenswert wären Sprachsensibilität und Sprachkritik, die zwar nicht in Humor und in Witz münden müssen, aber können. Wolfgang Thierse hat 1992 den Deutschen auch so etwas gewünscht, nämlich »daß vom politischen Witz der Wende etwas bleibt: ausgeprägter Sensus fürs Absurde und Sophistication im Umgang mit der Sprache.« Und er hat hinzugefügt: »Wenigstens das.«[4] Ob dieser Wunsch in Erfüllung gegangen ist, darüber wollen wir schweigen. An ihn jedoch zu erinnern und zu zeigen, dass er nicht unbegründet ist, war unser Anliegen.

Anmerkungen

Vorwort

1 Bergmann, Die Sprache der Stasi, S. 107.

2 Vgl. die auf S. 115 f. aufgeführten Quellen im Literaturverzeichnis.

3 Vgl. zum in der DDR gebräuchlichen Begriff ›Sprachkultur‹ Scharnhorst (Hg.) sowie Fleischer (Hg.). In die Sprachwissenschaft der Bundesrepublik hat Harald Weinrich den Begriff eingeführt.

1 Der Witz im Allgemeinen und der politische Witz im Besonderen

1 Dieser und alle nachfolgend zitierten Witze werden bewusst nicht nachgewiesen, denn Witze sind sprachliches Allgemeingut des Volkes. Alle Witzbücher jedoch, die wir für die vorliegende Studie konsultiert haben und denen wir gewiss auch die Kenntnis mancher hier angeführter Witze verdanken, sind im Literaturverzeichnis unter »Quellen« angeführt.

2 Dieser Witz bezieht seinen Reiz über das Sprachliche hinaus gewiss auch noch aus der sexuellen Anspielung, die beim Hören sicherlich in die amüsante Vorstellung mündet, wie ein Bär und eine Ameise sich paaren.

3 Preisendanz, S. 7.

4 Jean Paul, S. 169.

5 Ebd., S. 173.

6 Ebd., S. 199–202.

7 Ebd., S. 200.

8 Ebd.

9 Ebd., S. 201.

10 Vgl. Fischer, Vischer, Lipps.

11 Brockhaus Enzyklopädie, Bd. 24, S. 310.

12 Freud, S. 146.

13 Grotjahn, S. 207 f.

14 Dass das Lachen über einen Witz ein Zeichen für Solidarität ist, zeigt sich gerade dann, wenn das Lachen verweigert wird. Das Erzählen eines an-

züglichen sexuellen oder eines eine bestimmte Gruppe diskriminierenden Witzes kann oftmals auf Ablehnung stoßen. Die Reaktion ist dann meist ein bloß gezwungenes Lachen mit einer entsprechenden, eben die Solidarität verweigernder Bemerkung wie beispielsweise: »Das finde ich aber überhaupt nicht witzig.«

15 Marfurt, S. 50.

16 Preisendanz, S. 19.

17 Röhrich, S. 215. Vgl. auch den von Michael Lentz und Dieter Thoma zusammengestellten Band *Ganz Deutschland lacht!*, in dem ein solcher Versuch für die fünfzigjährige Geschichte der Bundesrepublik Deutschland unternommen wird.

18 Renate Lachmann im *Vorwort* zu Bachtin, S. 7 f.

19 Röhrich, S. 211.

20 Röhrich bemerkt ebd. über den politischen Witz im Nationalsozialismus, dass es »wenig Sinn« mache, »danach zu fragen, ob der Witz als innerer Widerstand gegen den totalitären Staat praktisch genützt hat. Sichtbar geschadet haben diese Witze dem Regime sicherlich nicht.« Gleichwohl wurde die Verbreitung politischer Witze während der nationalsozialistischen Herrschaft strafrechtlich verfolgt. Vgl. ebd., S. 210.

2 Sprache und Sprachordnung in der DDR

1 Vgl. Hellmann, der eine ausführliche »Wende-Bibliographie« vorgelegt hat.

2 Thierse, S. 120.

3 v. Polenz, Die Sprachrevolte in der DDR, S. 131. Vgl. auch Fraas / Steyer.

4 Fix, Rituelle Kommunikation, S. 67 f.

5 Vgl. ebd., S. 73 f., wo dieser Text aus dem Jahre 1989 abgedruckt und nachgewiesen ist. Da es uns nicht um eine persönliche Polemik, sondern nur um die Charakterisierung des öffentlichen Diskurses in der DDR geht, verzichten wir hier bewusst auf einen präzisen Quellennachweis und auf die Nennung des Autors.

6 Ebd., S. 8.

7 v. Polenz, Deutsche Sprachgeschichte, S. 565 f.

8 Ebd., S. 566.

9 Ebd.

10 Diese Aussage beruht auf der Mitteilung einer Gewährsperson aus der ehemaligen DDR und auf dem Einblick in derartige Texte. Vgl. dazu auch Maaz.

11 Vgl. v. Polenz, Die Sprachrevolte in der DDR, S. 131.

12 Ebd.; vgl. dazu auch unten das Kapitel 4.

13 v. Polenz, Die Sprachrevolte in der DDR, S. 131.

14 Ebd.

15 Zitiert nach Thierse, S. 122.

3 Der Witz in der DDR – die inoffizielle Gegenöffentlichkeit

1 Röhl, Deutsch–Deutsch, S. 2–4. Nach Oschlies, »Anekdotčiki« bauten den Belomor-Kanal …, S. 184, Anm. 27, lag »ein zusätzlicher Witz bereits in der Aufmachung des Buches, das in Format und äußerer Gestaltung einer Schachtel der DDR-Zigarettenmarke Karo nachgebildet war«.

2 Klemperer, Ich will Zeugnis ablegen bis zum letzten, Band 2, S. 58.

3 Vgl. z. B. Thierse, 123 ff.; v. Polenz, Die Sprachrevolte in der DDR, S. 134 ff.

4 Fix, Der Wandel der Muster, S. 336.

5 Röhl, Deutsch–Deutsch, zwischen S. 48 und 49 (unpaginiert).

6 Diese Fassung findet sich bei Lentz / Thoma / Howland, S. 33. Der Witz lautet:

Von Zitzewitz fragt seinen Friseur: »Sagen Sie mal, haben Sie nich' was Witziges auf Lager, das ich heute meinen Kameraden im Kasino erzählen kann!« »Vielleicht eine Scherzfrage«, erwidert der Friseur, »die geht so: Es ist nicht mein Vater oder meine Mutter, nicht mein Bruder oder meine Schwester, nicht Onkel oder Tante, nicht Neffe oder Nichte und doch ist es mein eigen Fleisch und Blut. Wer ist das?« »Keine Ahnung«, stellt von Zitzewitz fest, »nun sagen Sie schon, wer ist es?« »Das bin ich selber«, erklärt der Friseur. »Na, fabelhaft!« Von Zitzewitz ist begeistert und gibt abends die Frage an seine Kameraden weiter. »Das sind Sie selber«, rät einer der Offiziere sofort richtig. »Quatsch«, schnauzt von Zitzewitz, »das ist mein Friseur in der Bahnhofsstraße!«

7 Vgl. Oschlies, »Die DDR der Bundesrepublik besenrein übergeben …«, S. 111, sowie Fricke, S. 104. Bergmann, Die Sprache der Stasi, geht zwar nicht ausdrücklich auf das Verhältnis der Stasi zum politischen Witz ein, doch manche Charakterisierungen des Verhältnisses der Stasi zur Sprache könnten derartige Aktivitäten wahrscheinlich machen. Vgl. die bei Bergmann, Die Sprache der Stasi, S. 99, zitierte Empfehlung eines Oberstleutnants der Staatssicherheit an sein Ministerium: »Außerdem müssen stärker als bisher die Potenzen geeigneter gesellschaftlicher Organisationen (FDJ, FDGB, Kulturbund) und Kräfte *mobilisiert* werden, um eine breite gesellschaftliche *Front* zur *Zurückdrängung* subversiver Aktivitäten unter Missbrauch literarischer und anderer künstlerisch-kultureller Ausdrucksweisen zur Wirkung zu bringen.«

8 Lentz / Thoma / Howland, S. 70.
9 Vgl. Schöffler, Heinold, Witze aus Sachsen, sowie Macha.
10 Heinold, Witze aus Sachsen, S. 6.
11 Röhrich, S. 265.
12 Heinold, Witze aus Sachsen, S. 5.

4 Sprachwitz und Sprachspiel in der Wendezeit

1 Vgl. oben, S. 35 ff.
2 Wolf, S. 119–121, Zitat S. 119.
3 Die zuletzt zitierte Losung nimmt Bezug auf Erich Honecker, der am 14. August 1989 in Ost-Berlin erklärt hatte, »daß das Triumphgeschrei der westlichen Medien über das Scheitern der sozialistischen Gesellschaftskonzeption nicht das Geld wert ist, das dafür ausgegeben wird. Den Sozialismus in seinem Lauf hält weder Ochs noch Esel auf.« Vgl. Schüddekopf (Hg.), S. 205.
4 Vgl. ebd., S. 206. Vgl. auch taz.
5 Vgl. u. a. die Sammlungen Lang, Leipziger Demontagebuch, Kinne, Deutsch 1989, sowie auch Reiher und Schlosser, Die ins Leere befreite Sprache.
6 Nach v. Polenz, Die Sprachrevolte in der DDR, S. 136, liegt hier eine anspielende Beziehung »zu einer bekannten sarkastischen Umkehrfigur von Bertolt Brecht über den 17. Juni 1953« vor: »… soll sich die Regierung ein anderes Volk wählen«.
7 Fix, Der Wandel der Muster. Vgl. auch oben, S. 34–38.
8 Fix, Der Wandel der Muster, S. 338.
9 Ebd., S. 338 f.
10 v. Polenz, Die Sprachrevolte in der DDR, S. 128.
11 Oschlies, »Wir sind das Volk.«, S. 9.

5 Die gesellschaftliche Funktion des politischen Witzes in der DDR

1 Hansen, S. 23 f.
2 Oschlies, »Anekdotčiki« bauten den Belomor-Kanal …, S. 169.
3 Thierse, S. 125.
4 Oschlies, »Die DDR der Bundesrepublik besenrein übergeben …«, S. 108. Der Anarchist und Schriftsteller Erich Mühsam wurde am 10. Juli 1934 von den Nationalsozialisten ermordet.

5 Auch Oschlies weist ebd., S.121, darauf hin, dass es in der DDR »eine Sonderform von Witz« gegeben habe, »wobei die Sprache die ausschlaggebende Rolle spielte«.

6 Jochmann, Ueber die Sprache, S.224. Im Jahre 1976 hat Eberhard Haufe in der DDR einen Sammelband mit politischen Aphorismen Jochmanns und dessen Aufsatz »Ueber die Oeffentlichkeit« herausgegeben. Dieser Band mit dem bezeichnenden Titel »Die unzeitige Wahrheit« fand reißenden Absatz. Eine zweite Auflage von 1980 war bereits vor Erscheinen überzeichnet. Die dritte Auflage, kurz nach der Wende 1990 erschienen, fand im vereinten Deutschland keinen Absatz mehr und wurde bald verramscht. Die Rezeptionsgeschichte dieses Bandes kann als Spiegel des politischen Interesses und Bewusstseins in der DDR und der Bundesrepublik betrachtet werden.

7 Jochmann, Ueber die Sprache, S.221.

8 Braun, S.45.

6 Politische Witzkultur in der Bundesrepublik Deutschland

1 Einen sehr guten analytischen Überblick findet man bei Röhrich. Vergnüglich zu lesen und zugleich auch als Überblick über Witzthemen geeignet ist Lentz / Thoma / Howland.

2 Röhrich, S.206f.

3 Ebd., S.207f.

4 Vgl. oben, S.47ff.

5 Vgl. Lentz / Thoma / Howland, S.158f.

6 Vgl. Hansen, S.41–50.

7 Ebd., S.46.

8 Vorwärts, 14. Februar 1974. Hier zitiert nach dem Abdruck in Hansen, S.43.

9 Ebd.

10 Vgl. ebd., S.48f.

11 Ebd., S.50.

12 Vgl. ebd., S.63–103, hier S.70.

13 Röhrich, S.215f.

14 Hansen, S.11.

7 Der politische Witz als Ausdruck von Sprachkultur

1 Hoensch, S.10.

2 Gamm, S.173.

3 Diese Feststellung hat bereits Klemperer, LTI, S. 25–30, getroffen.

4 Die Beschreibung derartiger Unterschiede war vorrangiger Gegenstand zahlreicher linguistischer Arbeiten nach 1989; vgl. u. a. Fraas, Beobachtungen zur deutschen Lexik, Fraas / Steyer, Hellmann, DDR-Sprachgebrauch nach der Wende, sowie die Arbeiten von Kinne. Inzwischen wird jedoch verstärkt auf die Notwendigkeit einer umfassenden Analyse des Kommunikationsverhaltens hingewiesen; vgl. Fraas, Kommunikationskonflikte, sowie Oksaar.

5 Vgl. insbesondere Bergmann, Die Sprache der Stasi.

6 Vgl. hierzu insbesondere Liedtke / Wengeler / Böke sowie Stötzel / Wengeler.

7 Vgl. Pörksen, S. 66; vgl. auch Eppler.

8 Pörksen, S. 81.

9 Vgl. Tocqueville 1984, 549–555.

10 Eppler, S. 246 f.

11 Zwar gab es ausgeprägte Gegensprachen und politische Metareflexionen in der Bundesrepublik, zunächst 1967/68 zur Zeit der Studentenbewegung, dann in der Friedens- und Antiatomkraftbewegung, abgeschwächt auch anlässlich des Golfkrieges 1991. Aber schon der Krieg im ehemaligen Jugoslawien und die damit verbundenen Nato-Angriffe haben weit weniger Resonanz in der Öffentlichkeit gefunden. Zur Geschichte des öffentlichen Sprachgebrauchs in der Bundesrepublik vgl. Stötzel / Wengeler.

12 Vgl. hierzu Pörksens Konzept der »Plastikwörter«, die er als »Sprache einer internationalen Diktatur« betrachtet.

Nachwort

1 Brecht, S. 107.

2 Zitiert nach Röhrich, S. 216.

3 Nach Fricke, S. 106, stammt diese Feststellung von Johann Baptist Gradl: »Wissen Sie, diese Witze aus der DDR, eigentlich sind sie viel zu ernst, als daß man nur darüber lachen kann.«

4 Thierse, S. 125.

Literaturverzeichnis

Quellen

Brandt, Hans-Jürgen: Witz mit Gewehr. Gezieltes Lachen hinter Mauer und Stacheldraht. Stuttgart 1965

DDR-Witze. Walter schützt vor Torheit nicht, Erich währt am längsten. Hrsg. von Reinhard Wagner mit Collagen von Andreas Prüstel. Berlin [7]1998

DDR-Witze Teil 2. Lieber von Sitte gemalt, als vom Sozialismus gezeichnet. Gesammelt und aufgeschrieben von Reinhard Wagner mit Collagen von Andreas Prüstel. Berlin [2]1997

Heinold, Ehrhardt (Hg.): Witze aus Sachsen. Husum [5]1997

–: Der braune und der rote Witz. Zwei deutsche Diktaturen in 1200 Witzen. Düsseldorf, Wien 1964

Hirche, Kurt: West-östlicher Witzdiwan. 555 politische Witze. Düsseldorf, Wien 1977

Koch, Peter / Krefeld, Thomas / Oesterreicher, Wulf: Neues aus Sankt Eiermark. Das kleine Buch der Sprachwitze. München 1997

Lang, Ewald (Hg.): Wendehals und Stasi-Laus. Demo-Sprüche aus der DDR. München 1990

Leipziger Demontagebuch. Demo. Montag. Tagebuch. Demontage. Zusammengestellt und mit einer Chronik von Wolfgang Schneider. Leipzig, Weimar 1990

Lentz, Michael / Thoma, Dieter / Howland, Chris: Ganz Deutschland lacht. 50 deutsche Jahre im Spiegel ihrer Witze. München 1999

Mahn, Claus (Hg.): ALLES FÜR DAS VOLK – das Beste für uns. Leipzig 1994

Petermann, Jörg: Lach leiser, Genosse. Aus dem Anekdotenschatz des Sozialismus. München, Esslingen 1965

Röhl, Ernst: Wörtliche Betäubung. Neudeutscher Mindestwortschatz. Berlin [2]1988

–: Deutsch – Deutsch. Ein satirisches Wörterbuch. Berlin [5]1994

Schlomann, Friedrich-Wilhelm: Lachen verboten, Genosse! 1001 Flüsterwitze aus dem roten Paradies. Rorschach 1986

Schüddekopf, Charles (Hg.): »Wir sind das Volk!« Flugschriften, Aufrufe und Texte einer deutschen Revolution. Mit einem Nachwort von Lutz Niethammer. Reinbek bei Hamburg 1990

Stromeyer, Arno (Hg.): Honecker-Witze. Frankfurt a. M. 1988

So lachte man in der DDR. Witze und Karikaturen. Berlin 1999

taz. Journal zur Novemberrevolution. August bis Dezember 1989. Berlin 1990

Witze bis zur Wende. 40 Jahre politischer Witz in der DDR. Gesammelt und hrsg. von Helga und Klaus-Dieter Schlechte. München [3]1996

Wroblewsky, Clement de (Hg.): Wo wir sind ist vorn. Der politische Witz in der DDR. Erweiterte Neuausgabe Hamburg 1990

Sekundärliteratur

Bachtin, Michail: Rabelais und seine Welt. Volkskultur als Gegenkultur. Übersetzt von Gabriele Leupold. Hrsg. und mit einem Vorwort versehen von Renate Lachmann. Frankfurt a. M. [2]1998

Bergmann, Christian: Parteisprache und Parteidenken. Zum Sprachgebrauch des ZK der SED. In: Lerchner, Gotthard (Hg.): Sprachgebrauch im Wandel. Anmerkungen zur Kommunikationskultur in der DDR vor und nach der Wende. Frankfurt a. M. u. a. 1992, S. 101–142

–: Die Sprache der Stasi. Ein Beitrag zur Sprachkritik. Göttingen 1999

Best, Otto F.: Der Witz als Erkenntniskraft und Formprinzip. Darmstadt 1989

–: Volk ohne Witz. Über ein deutsches Defizit. Frankfurt a. M. 1993

Blum, Annelie: Humor und Witz. Eine psychologische Untersuchung. Düsseldorf 1980

Boris, Peter: Das gebremste Lachen. Satire in der DDR. Bonn 1985

Braun, Volker: Langsamer knirschender Morgen. Gedichte. Halle, Leipzig 1990

Brecht, Bertolt: Flüchtlingsgespräche. Frankfurt a. M. 1968

Dalos, György: Proletarier aller Länder, entschuldigt mich. Das Ende des Ostblockwitzes. Bremen 1993

Drozdzynski, Alexander: Der politische Witz im Ostblock. Düsseldorf 1974

Eppler, Erhard: Kavalleriepferde beim Hornsignal. Die Krise der Politik im Spiegel der Sprache. Frankfurt a. M. 1992

Fischer, Kuno: Über den Witz. Ein philosophischer Essay (1871). Tübingen 1996

Fix, Ulla: Der Wandel der Muster – der Wandel im Umgang mit den Mustern. Kommunikationskultur im institutionellen Sprachgebrauch der DDR am Beispiel von Losungen. In: Deutsche Sprache 18 (1990), S. 332–347

–: Rituelle Kommunikation im öffentlichen Sprachgebrauch der DDR und ihre Begleitumstände. Möglichkeiten und Grenzen der selbstbestimmten und mitbestimmenden Kommunikation in der DDR. In: Lerchner, Gotthard

(Hg.): Sprachgebrauch im Wandel. Anmerkungen zur Kommunikationskultur in der DDR vor und nach der Wende. Frankfurt a. M. u. a. 1992,
S. 3–99

Fleischer, Wolfgang (Hg.): Sprachnormen, Stil und Sprachkultur. Berlin 1979

Fraas, Claudia: Beobachtungen zur deutschen Lexik vor und nach der Wende. In: Deutschunterricht 43 (1990), S. 594–598

–: Kommunikationskonflikte vor dem Hintergrund unterschiedlicher Erfah-
rungswelten. Eine Anmerkung zu Peter von Polenz: Die Sprachrevolte in
der DDR im Herbst 1989, in ZGL 21, 127–149. In: Zeitschrift für germanistische Linguistik 22 (1994), S. 87–90

Fraas, Claudia / Steyer, Kathrin: Sprache der Wende – Wende der Sprache?
Beharrungsvermögen und Dynamik von Strukturen im öffentlichen
Sprachgebrauch. In: Deutsche Sprache 20 (1992), S. 172–184

Freud, Sigmund: Der Witz und seine Beziehung zum Unbewußten (1905).
In: Ders.: Studienausgabe. Bd. 4: Psychologische Schriften. Hrsg. von Alexander Mitscherlich, Angela Richard und James Strachey. Frankfurt a. M.
1970, S. 9–219

Fricke, Karl Wilhelm: Die DDR im politischen Witz gespiegelt. In: Bahr,
Egon (Hg.): Mut zur Einheit. Festschrift für Johann Baptist Gradl. Köln
1984, S. 89–106

Gamm, Hans-Jochen: Der Flüsterwitz im Dritten Reich. München 1963

Grothjahn, Martin: Vom Sinn des Lachens. Psychoanalytische Betrachtun-
gen über den Witz, das Komische und den Humor. München 1974

Hansen, Klaus: Das kleine Nein im großen Ja. Witz und Politik in der Bundesrepublik. Opladen 1990

Hellmann, Manfred W.: DDR-Sprachgebrauch nach der Wende – eine erste
Bestandsaufnahme. In: Muttersprache 100 (1990), S. 266–286

–: Wende-Bibliografie. Literatur und Nachschlagewerke zu Sprache und
Kommunikation im geteilten und vereinten Deutschland ab Januar 1990.
Mannheim 1999

Hoensch, Jörg K.: Zur Phänomenologie und Soziologie des politischen Witzes in Osteuropa. In: Bohemia 13 (1972), S. 1–16

Hopfer, Reinhard: Besetzte Plätze und »befreite Begriffe«. Die Sprache der
Politik der DDR im Herbst 1989. In: Liedtke, Frank / Wengeler, Martin /
Böke, Karin (Hg.): Begriffe besetzen. Strategien des Sprachgebrauchs in
der Politik. Opladen 1991, S. 111–122

Jäger, Manfred: Kultur und Politik in der DDR 1945–1990. Köln 1994

Jean Paul: Über den Witz. In: Ders.: Werke. Band 5: Vorschule des Ästhetik.
IX. Programm. Hrsg. von Norbert Miller. Darmstadt [5]1987, S. 169–207

Jochmann, Carl Gustav: Ueber die Sprache. Faksimiledruck nach der Origi-
nalausgabe von 1828, mit Schlabrendorfs »Bemerkungen über Sprache«
und der Jochmann-Biographie von Julius Eckardt herausgegeben von
Christian Johannes Wagenknecht. Göttingen 1968

117

–: Die unzeitige Wahrheit. Aphorismen, Glossen und der Essay »Über die Öffentlichkeit«. Hg. und erläutert von Eberhard Haufe. Weimar 1976. [2]Leipzig, Weimar 1980, [3]Leipzig, Weimar 1990

Kinne, Michael: Deutsch 1989 in den Farben der DDR. Sprachlich Markantes aus der Zeit vor und nach der Wende. In: Der Sprachdienst 34 (1990), S. 13–18

–: DDR-Deutsch und Wendesprache. In: Der Sprachdienst 35 (1991), S. 49–54

Klemperer, Victor: Ich will Zeugnis ablegen bis zum letzten. Tagebücher 1933–1945. Hg. von Walter Nowojski unter Mitarbeit von Hadwig Klemperer. 2 Bände. Berlin 1995

–: LTI. Notizbuch eines Philologen. [15]Leipzig 1996

Liedtke, Frank / Wengeler, Martin / Böke, Karin (Hg.): Begriffe besetzen. Strategien des Sprachgebrauchs in der Politik. Opladen 1991

Lipps, Theodor: Komik und Humor. Eine psychologisch-ästhetische Untersuchung. Hamburg, Leipzig 1898 (= Beiträge zur Ästhetik 6)

Lixfeld, Hannjost: Witz. Stuttgart 1978 (= Arbeitstexte für den Unterricht, Reclams UB 9542)

Maaz, Hans-Joachim: Der Gefühlsstau. Ein Psychogramm der DDR. München 1992

Macha, Jürgen: Sprache und Witz. Die komische Kraft der Wörter. Bonn 1992

Marfurt, Bernhard: Textsorte Witz. Möglichkeiten einer sprachwissenschaftlichen Textsorten-Bestimmung. Tübingen 1977

Oksaar, Els: Zu den Verständigungsschwierigkeiten im gegenwärtigen Deutsch. Anmerkungen zur Diskussion über die gemeinsame Sprache nach der Einigung Deutschlands. In: Zeitschrift für germanistische Linguistik 22 (1994), S. 220–226

Orwell, George: 1984. Roman. Übersetzt von Michael Walter. Hrsg. und mit einem Nachwort von Herbert W. Franke. Frankfurt a. M., Berlin 1984

Oschlies, Wolf: Würgende und wirkende Wörter – Deutschsprechen in der DDR. Berlin 1989

–: »Vierzig zu Null im Klassenkampf?« Sprachliche Bilanz von vier Jahrzehnten DDR. Melle 1990 (=Deutschland-Report 9)

–: »Die DDR der Bundesrepublik besenrein übergeben …« Der politische Witz in Werden, Wesen und »Wende« der DDR. In: Wewer, Göttrik (Hg.): DDR – Von der friedlichen Revolution zur deutschen Vereinigung. Gegenwartskunde-Sonderheft 6 / 1990. Opladen 1990, S. 107–128

–: »Wir sind das Volk.« Zur Rolle der Sprache bei den Revolutionen in der DDR, Tschechoslowakei, Rumänien und Bulgarien. Köln, Wien 1990

–: »Anekdotčiki« bauten den Belomor-Kanal… Osteuropas politischer Witz in 40 Jahren Kommunismus. In: Steinke, Klaus (Hg.): Die Sprache der Diktaturen und Diktatoren. Beiträge zum Internationalen Symposion an der

Universität Erlangen vom 19. Juli bis 22. Juli 1993. Heidelberg 1995, S.167–201

–: Blick zurück unter Lachtränen. Vom Ende einer konspirativen Kultur (I). In: Mitteilungen des Westkreuz Druck- und Verlagshauses. Berlin, Bonn 9, Nr.3 (1998), S.3–5. – Rauhe Spiele mit roter Zensur (II). In: ebd.10, Nr.1 (1999), S.5–6. – Schtirlitz oder die Antiheldenverehrung (III). In: ebd.10, Nr.3 (1999), S.9–11. – Politischer Witz bei den *Preußen des Balkans* (IV). In: ebd.11, Nr.1 (2000), S.11–12

Pörksen, Uwe: »Unsere politische Sprache ist leer und bewegt fast nichts mehr.« – Politik und Sprache als literarische Form. In: Stickel, Gerhard (Hg.): Deutsche Gegenwartssprache. Tendenzen und Perspektiven. Berlin, New York 1990, S.66–87

Polenz, Peter von: Die Sprachrevolte in der DDR im Herbst 1989. Ein For- schungsbericht nach drei Jahren vereinter germanistischer Linguistik. In: Zeitschrift für germanistische Linguistik 21 (1993), S.127–149

–: Deutsche Sprachgeschichte vom Spätmittelalter bis zur Gegenwart. Band III: 19. und 20. Jahrhundert. Berlin, New York 1999

Preisendanz, Wolfgang: Über den Witz. Konstanz 1970

Reiher, Ruth: »Wir sind das Volk«. Sprachwissenschaftliche Überlegungen zu den Losungen des Herbstes 1989. In: Burkhardt, Armin / Fritzsche, Klaus Peter (Hg.): Sprache im Umbruch. Politischer Sprachwandel im Zei- chen von »Wende« und »Vereinigung«. Berlin, New York 1992, S.43–58

–: Läzer, Rüdiger (Hg.): Wer spricht das wahre Deutsch? Erkundungen zur Sprache im vereinigten Deutschland. Berlin 1993

Röhrich, Lutz: Der Witz. Figuren, Formen, Funktionen. Mit 98 Abbildungen. Stuttgart 1977

Roethe, Thomas: Arbeiten wie bei Honecker, leben wie bei Kohl. Ein Plädo- yer für das Ende der Schonfrist. Frankfurt a.M. 1999

Sanders, Willy: Wortspiel und Witz, linguistisch betrachtet. In: Gedenkschrift für Jost Trier. Hrsg. von Hartmut Beckers und Hans Schwarz. Köln, Wien 1975, S.211–228

Scharnhorst, Jürgen (Hg.): Grundlagen der Sprachkultur. 2 Bände. Berlin 1976, 1982

Schiewe, Jürgen: Sprachwitz – Sprachspiel – Sprachrealität. Über die Spra- che im geteilten und vereinten Deutschland, in: Zeitschrift für germanisti- sche Linguistik 25 (1997), S.129–146

–: Die Macht der Sprache. Eine Geschichte der Sprachkritik von der Antike bis zur Gegenwart. München 1998

Schlosser, Horst Dieter: Die deutsche Sprache in der DDR zwischen Stalinis- mus und Demokratie. Historische, politische und kommunikative Bedin- gungen. Köln 1990

–: Die ins Leere befreite Sprache. Wendetexte zwischen Euphorie und bun- desdeutscher Wirklichkeit. In: Muttersprache 103 (1993), S.219–230

Schöffler, Herbert: Kleine Geographie des deutschen Witzes. Göttingen 1955, [10]1995

Stötzel, Georg / Wengeler, Martin: Kontroverse Begriffe. Geschichte des öffentlichen Sprachgebrauchs in der Bundesrepublik Deutschland. Berlin, New York 1994

Schubert, Gabriella: Homo narrans und Homo ridens in Südosteuropa. Alltagsbewältigung und Identität in Schwank und Witz. In: Die Welt der Slaven XLIV (1999), S. 135–154

Schütz, Karl-Otto: Witz und Humor. In: Schmidt-Hidding, Wolfgang: Europäische Schlüsselwörter. Wortvergleichende und wortgeschichtliche Studien. Band 1: Humor und Witz. München 1963, S. 161–244

Schweizer, Werner R.: Der Witz. Bern, München 1964

Speier, Hans: Witz und Politik. Essay über die Macht und das Lachen. Zürich 1975

Staininger, O.: WiderWITZIG. Wortwitz und Karikatur um die Wende. Mit einem Vorwort von Milo Dor. Wien 1995

Thierse, Wolfgang: »Sprich, damit ich dich sehe«. Beobachtungen zum Verhältnis von Sprache und Politik in der DDR-Vergangenheit. In: Born, Joachim / Stickel, Gerhard (Hg.): Deutsch als Verkehrssprache in Europa. Berlin, New York 1993, S. 114–126

Tocqueville, Alexis de: Über die Demokratie in Amerika (1835/1840). Beide Teile in einem Band. Vollständige Ausgabe. Aufgrund der französischen historisch-kritischen Ausgabe hrsg. von Jacob P. Mayer in Gemeinschaft mit Theodor Eschenburg und Hans Zbinden. Aus dem Französischen übertragen von Hans Zbinden. München [2]1984

Vischer, Friedrich Theodor: Über das Erhabene und Komische und andere Texte zur Ästhetik. Ein Beitrag zu der Philosophie des Schönen. Frankfurt a. M. 1967

Weinrich, Harald: Wege der Sprachkultur. Stuttgart 1985

Wellek, Albert: Zur Theorie und Phänomenologie des Witzes. In: Ders.: Witz – Lyrik – Sprache. Beiträge zur Literatur- und Sprachtheorie mit einem Anhang über den Fortschritt der Wissenschaft. Bern, München 1970, S. 13–42

Wolf, Christa: Reden im Herbst. Berlin, Weimar 1990

Namensregister

An ihren Worten sollt ihr sie erkennen ...

Über die DDR und über ihr Ministerium für Staatssicherheit ist viel geschrieben worden; Christian Bergmann geht es nicht um Vergangenheitsbewältigung individueller Natur, sondern um ein übergreifendes Thema: Er arbeitet Charakteristika der Stasi-Sprache heraus, um zu zeigen, wie sich Geisteshaltung und Weltbild ihrer Benutzer manifestierten. „Sprache drückt immer auch etwas über den aus, der sie gebraucht." An vielfältigen Beispielen wird dargestellt, wie Menschen zu Gegenständen herabgewürdigt werden und wie grammatische Verschiebung zugleich Enthumanisierung indiziert.

Das die Analysen stützende sprachliche Material entstammt Täter- und Opferakten, Richtlinien und Durchführungsbestimmungen, Befehlen und Lageberichten sowie Dokumentationen des MfS der DDR.

Christian Bergmann
Die Sprache der Stasi
Ein Beitrag zur Sprachkritik
KLEINE REIHE V&R 4012.
1999. 133 Seiten, kartoniert
ISBN 3-525-34012-5

V&R
Vandenhoeck
& Ruprecht

KLEINE REIHE V&R

Darstellungen und Denkanstöße ...

4014: Karl-Heinz zur Mühlen
Reformation und Gegenreformation Teil I
ISBN 3-525-34014-1

4023: Karl-Heinz zur Mühlen
Reformation und Gegenreformation Teil II
ISBN 3-525-34023-0

Beide Bände zusammen zum Vorzugspreis
ISBN 3-525-34000-1

4015: Jutta Sperber
Dialog mit dem Islam
ISBN 3-525-34015-X

4016: Matthias Luserke
Schule erzählt
Literarische Spiegelbilder im 19. und 20. Jahrhundert
ISBN 3-525-34016-8

4017: Anselm Doering-Manteuffel
Wie westlich sind die Deutschen?
Amerikanisierung und Westernisierung im 20. Jahrhundert
ISBN 3-525-34017-6

4018: Thomas Schmidt
Kalender und Gedächtnis
Erinnern im Rhythmus der Zeit
ISBN 3-525-34018-4

4019: Dietrich Meyer
Zinzendorf und die Herrnhuter Brüdergemeine
1700-2000
ISBN 3-525-34019-2

4020: Bruno Hillebrand
Nietzsche
Wie ihn die Dichter sahen
ISBN 3-525-34020-6

4021: Dietrich Beyrau
Schlachtfeld der Diktatoren
Osteuropa im Schatten von Hitler und Stalin
ISBN 3-525-34021-4

4022: Alexander Demandt
Ungeschehene Geschichte
Ein Traktat über die Frage: Was wäre geschehen, wenn ...?
ISBN 3-525-34022-2

V&R
Vandenhoeck & Ruprecht